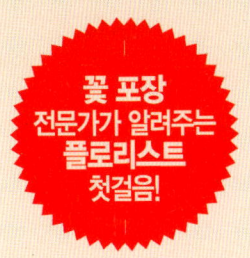

꽃 포장
전문가가 알려주는
플로리스트
첫걸음!

그림으로 쉽게 배우는
꽃 포장 디자인 입문

| 허북구 지음 |

중앙생활사

머리글

꽃은 그 자체가 아름다움의 대명사이자 자연을 대표합니다. 아름다움과 자연을 대표하는 꽃에 대한 포장은 거추장스럽다고 생각합니다. 포장이 불필요한 것이 꽃이지만 사랑하고 존경하는 사람들에게 더 정성을 들이고 싶은 사람들의 마음이 꽃 포장을 만들어냈다고 생각합니다.

꽃 포장에는 사람들의 아름다운 마음이 담겨 있더라도 꽃은 그 자체가 아름답고 환경도 중요하므로 꽃 포장은 최소화하거나 친환경적인 재료를 이용하는 것이 좋겠다는 생각을 합니다. 다만 현실적으로 선물용 꽃에는 포장이 많이 이용되고, 꽃집에서도 포장이 큰 비중을 차지하고 있습니다. 특히 꽃집에서 포장의 비중이 큼에 따라 꽃집 창업 교육 등에서는 꽃 포장 교육이 이루어지고 있으나 꽃다발, 꽃바구니 및 화분 포장을 구분하여 정리한 이론서가 거의 없는 실정입니다.

이러한 배경에서 이 책은 국내외에서 활용되고 있는 꽃다발, 꽃바구니 및 화분 포장을 조사하여 각각의 기법별로 구분한 다음 이론을 정립함으로써 꽃 포장 교육 및 꽃집 현장에서 활용하는 데 도움이 되도록 하였습니다.

이 책은 총 4장으로 구성되어 있습니다. 1장은 총론으로 꽃 포장을 위한 기초를 익힐 수 있도록 하였습니다. 2~4장은 각론으로 1장에서 기초를 익힌 후 2장에서는

꽃다발 포장, 3장에서는 꽃바구니 포장, 4장에서는 화분 포장에 대해 각각 포장 방법을 유형화시킨 다음 그림으로 과정을 그리고 설명을 곁들여 놓아 쉽게 이해할 수 있도록 하였습니다.

책의 내용은 포장 유형과 원리 중심으로 정리하다보니 포장 결과물 중에는 조잡한 것들이 있고, 포장지 등은 교육 및 꽃집 현장과 맞지 않는 부분도 많을 것으로 생각합니다. 하지만 시대가 흘러도 포장 원리는 급격하게 변하지 않습니다. 그러므로 이 책은 포장의 유형과 방법을 터득하고, 새로운 포장을 개발하는 자료로 활용하면 효과적일 것으로 생각합니다.

아무튼 이 책이 꽃 포장에 대해 배우려는 분들, 새로운 꽃 포장을 개발하려는 분들, 그리고 꽃집 현장에서 조금이라도 도움이 되었으면 하는 바람입니다.

일러두기

꽃집 경영주님께

꽃집 경영주들은 경력에 따라 웬만한 꽃 포장은 다 소화하고 있는 실정입니다. 그런데도 포장 때문에 애를 먹는 것은 자주 애용하는 포장 기법을 오랫동안 고집해서 변화가 없는 것과 포장을 요구하는 고객과의 커뮤니케이션 때문입니다. 그래서 이 책은 실용적인 포장법에 중점을 둔 가운데 많은 종류의 꽃 포장법과 기술을 소개함으로써 수시로 새로운 포장법을 실행해 보고 응용할 수 있도록 하였습니다. 중요 사진은 카탈로그식으로 편집함으로써 고객과의 커뮤니케이션을 돕고자 하였습니다.

꽃꽂이 선생님과 화훼장식을 전공하는 분들께

꽃 포장은 꽃 선물의 주종을 이루며, 많은 종류가 있고 각 종류에는 그 나름대로 다양한 플라워 디자인 기법이 적용되고 있습니다. 그런데도 꽃 포장을 플라워 디자인의 한 분야로 독립시켜 강습하는 곳은 거의 없습니다. 이는 꽃 포장에 대한 체계적인 이론 정립이 되어 있지 않아 프로그램 설정에 어려움이 있는 것도 한 이유라고 생각합니다. 이 책은 대학 및 각 꽃꽂이 교실, 문화센터에서 꽃 포장을 플라워 디자인의 한 과목으로 수업을 할 수 있도록 교재 형식으로 꾸몄습니다.

꽃집 창업을 준비하는 분들께

꽃집에서 가장 일반적으로 취급하는 품목은 꽃다발, 꽃바구니, 분식물입니다. 이들 품목들은 일반적으로 꽃집에서 포장이라는 과정을 거쳐 판매되기 때문에 꽃집을 하려면 꽃 포장에 대한 공부는 필수적으로 해야 됩니다. 그런데도 꽃 포장에 대해서 체계적으로 정리해 놓은 책이 없는 점을 고려하여 이 분야에 대해 공부를 시작하려는 분들을 위해 그림을 보면서 스스로 익힐 수 있도록 포장 단계를 그림으로 그려놓았습니다.

꽃 애호가 및 10대와 20대의 여성분들께

최근 밸런타인데이를 비롯한 각종 기념일에 바구니 수요가 크게 증가했습니다. 그중에서도 비중이 큰 것은 포장된 바구니보다는 바구니와 포장재입니다. 이는 젊은 여성들이 재료를 구입하여 직접 선물용의 바구니나 분식물을 포장하기 때문입니다. 그런데도 이제껏 꽃 포장에 대한 자료는 거의 없어 불편함을 호소하는 사람이 많았습니다. 이러한 분들을 위해 이 책은 초보자라도 책을 보면서 스스로 꽃 포장을 익힐 수 있도록 하였습니다.

Contents

4장

화분 포장

1장 꽃 포장의 기초

1. 꽃 포장의 목적과 효과

꽃을 선물할 때 포장이야말로 정말로 중요하지 않을까 생각된다. 상대방을 위해서 꽃을 선택하는 설렘, 꽃말을 찾아보는 세심한 배려, 이것만으로도 상대방을 위한 마음은 대단한 것이다. 그런데 여기에다 정성을 다해 포장까지 하는 것은 선물하는 사람의 따스함과 개성을 한층 더 돋보이게 한다.

상품측면에서도 같은 값이면 다홍치마라는 옛말이 있듯이 같은 꽃이라도 예쁘게 포장된 것이라면 그 값어치가 한층 빛날 것이다. 그러므로 포장은 꽃을 더욱 돋보이게 하고 값지게 보이게 함으로써 부가가치를 높이게 되고, 소비자의 구매 욕구를 촉진시킨다. 또 햇빛, 바람 등과 같은 불량 환경과의 접촉에 의해 꽃이 쉽게 시들거나 상처가 나는 것을 보호하는 역할도 갖는다.

2. 꽃 포장의 종류

대상 품목에 따라

포장을 하는 품목에 따라 꽃다발 포장, 꽃바구니 포장, 화분 포장, 압화 포장, 드라이플라워 포장 등으로 구분할 수 있는데, 일반적인 것은 꽃다발 포장, 바구니 포장, 화분 포장이다.

밀폐 여부에 따라

◯ 밀봉형

밀봉형은 꽃이 연약해 쉽게 시드는 경우, 장거리로 운반할 경우, 기후적으로 기온이 낮아 꽃이 얼 염려가 많을 때, 바람이 세차 꽃이 상처를 입기 쉬운 기후 조건일 때 적당한 포장법으로 투명한 포장지가 많이 이용된다.

● 반 밀봉형

밀봉형과 유사한 꽃과 기후 조건일 때 사용되나 꽃의 윗부분이 개방되기 때문에 꽃의 줄기 길이 측면에서는 제한을 적게 받는다. 또 약한 꽃이라도 밀봉형 포장을 했을 경우 여름에는 포장 내에 습기가 차고 온도의 상승으로 역효과를 내는 반면 반 밀봉형(반 개방형)은 이 같은 단점을 어느 정도 극복 가능하게 한다. 꽃다발의 경우 개방형에 비해 꽃다발 폭의 제한은 적게 받으나 전방화의 경우 배경을 색깔 있는 포장지로 처리함으로써 꽃을 강조할 수도 있다.

● 개방형

꽃의 수명이 비교적 길고 개성이 강한 꽃의 포장에 적당하다. 밀봉형이나 반 밀봉형에 비해 꽃다발의 연출이 용이하다. 포장지를 전혀 사용하지 않고 리본만 붙이는 것에 의해서도 꽃다발을 아름답게 연출할 수 있다. 관엽식물이나 꽃바구니에서 일반적으로 적용되는 포장법이다.

● 박스 포장

꽃다발이나 하트 모양의 꽃장식물을 박스에 넣어 포장하는 방법으로 외관상 꽃이라는 것을 모르도록 할 때, 특별한 상품으로서 이미지를 내고자 할 때, 고급스럽고 다른 선물과 같이 선물할 때 등에 많이 이용하는 포장법이다.

포장지의 종류에 따라

꽃을 포장하는 포장지는 단지 꽃을 더욱 아름답게 보이기 위해 쓰이는 재료가 아니다. 포장지는 꽃을 외부로부터 보호하며, 고객 만족에 대한 서비스, 고도의 디자인성

▲ 꽃다발 포장(일본)

▲ 분식물 포장(한국)

▲ 꽃다발 포장(네덜란드)

▲ 바구니 포장(한국)

▲ 바구니 포장(일본)

▲ 종이재질의 상자 포장

▲ 종이재질의 상자 포장

▲ 플라스틱 재질의 포장

▲ 플라스틱 재질의 포장

▲ 웨딩카 장식물의 포장

▲ 웨딩부케 포장

[그림 1-1] 다양한 종류의 꽃 포장

지향과 품위 있는 포장 등에 필요한 것이다. 꽃은 꽃만으로 아름답기도 하지만 포장지의 특성을 바로 알고 꽃을 포장한다면 좀더 확실한 아름다움을 보여 줄 수 있다.

◉ 무지 포장

투명한 무지를 이용한 포장이다. 무지 중 대표적인 것이 OPP이며, 가격이 저렴하고 간결하면서도 깨끗한 느낌을 준다. 또 꽃을 외부로부터 보호하는 능력이 좋고, 투명하기 때문에 여러 각도에서 볼 수 있는 장점이 있다. 반면 비닐류로서 환경 저해요소이며, 쉽게 구겨지고 먼지 부착이 쉽게 되어 빨리 지저분해지는 단점이 있다.

◉ 마 포장

마를 이용해 포장을 한 것이다. 마의 반투명성, 가공성, 자연스러움으로 인해 많이 이용되는 포장이다. 마는 천연 소재로 환경 보호 측면에서 좋으나 최근에 판매되고 있는 마는 대부분이 인공 마이다. 가격이 고가이지만 곡선을 쉽게 살릴 수 있고, 어느 꽃이나 잘 어울리며, 다양한 포장 기법을 적용할 수 있는 포장재이다.

◉ 부직포 포장

부직포를 이용해 포장을 한 것이다. 부직포는 불투명하기 때문에 밀폐용 포장에는 배경용 외에는 사용이 불가능한 단점이 있지만 대신 저렴하고 다양한 색상이 있기 때문에 꽃과 리본의 색에 맞춰 다양하고 멋진 포장을 연출해 낼 수가 있다. 특히 축하용 꽃 포장에서는 색의 조합에 따라 화려한 꽃 포장을 용이하게 만들 수 있다. 다만 한 가지 부직포를 많이 사용하면 사용할수록 멋진 꽃 포장이 되는 것은 아니므로 과대 포장보다는 꽃의 종류와 색 및 꽃다발의 성격에 맞는 신중한 포장법에 역점을 두는 게 좋다.

◎ 종이 포장

종이를 이용한 포장이다. 종이는 초지, 주름지, 한지 등 다양하다. 초지는 인체에 해로운 화학성분을 없앤 종이에 초를 입힌 포장지이다. 주름지는 주름을 만들 수 있도록 되어 있으며 화려하다. 환경을 생각한 포장지로 복고풍 스타일의 꽃 포장에 좋다.

◎ 기타

망사나 특별하게 제작된 포장지를 이용한 포장 등 다양하다.

3. 꽃 포장시 유의점

◉ 꽃의 이미지가 훼손되지 않아야 한다

꽃은 반드시 포장지로 아름답게 포장을 해야 된다는 규칙은 없다. 그러므로 과대 포장 등에 의해 꽃의 이미지가 훼손되거나 환경오염을 시켜서는 안 된다.

◉ 클라이언트의 주문 목적에 맞아야 한다

선물을 할 경우나 클라이언트의 주문에 의해 제작을 할 때는 선물을 받는 사람의 연령, 성별, 기호도 등을 고려해야 한다.

◉ 시간, 장소, 목적, 분위기에 맞아야 한다

축하 선물이라고 해도 선물할 곳이 자택인지, 연회장인지를 파악한다. 또 병문안용일 경우도 자택으로 가는 것인지, 병원으로 가는 것인지를 알아둔다. 사랑을 위한 선물인지, 조그마한 예의 표시용인지, 축하용인지 아니면 애도용인지 등을 파악한 다음 그점을 고려해서 포장을 한다.

◉ 익숙한 디자인만 고집하지 않아야 한다

최선의 포장법이라고 생각한 것도 자꾸 계속하면 발전이 없을뿐더러 유행에 뒤떨어진다. 유행에 맞는 포장법을 받아들여 활용하도록 노력해야 한다.

◉ 운반에 견딜 수 있고, 꽃의 신선도가 오랫동안 유지될 수 있도록 해야 한다

운반시 포장이 쉽게 훼손되거나 물이 흐르지 않도록 해야 한다. 또 꽃이 오랫동안 신선하게 유지할 수 있는 포장이나 대책을 세워야 한다.

◉ 과일 등과 함께 포장할 때 과일이 흡수성 플로랄폼에 직접 닿지 않아야 한다

과일 꽃바구니 등 과일과 꽃을 함께 포장할 때는 위생측면에서 과일이 플로랄폼(일명 오아시스)이나 꽃에 직접 닿지 않도록 해야 한다.

◉ 원가계산에 신경을 쓴다

포장은 상품성을 높이려고 하는 것인데, 자꾸 더하다 보면 원가가 많이 들게 된다. 그러므로 필요량을 결정하고 낭비하지 않도록 한다.

◉ 소품으로 액세서리를 활용한다

리본, 마로 접은 장미, 항아리 장미 등 액세서리를 능숙하게 활용함으로써 포장의 아름다움을 배가시킬 수 있다.

◉ 완성 후 반드시 다시 한 번 전체를 체크한다

포장 후 균형이 맞는지, 튼튼하게 되었는지 등 전체적으로 검사를 한다.

● 클라이언트에게 건네줄 때는 선물하는 요령과 관리 요령을 알려 준다

꽃 포장을 마친 후 클라이언트에게 건네줄 때는 드는 법, 운반 요령, 관리 요령, 선물 요령 등을 알려 주어 선물의 효과가 최대로 되도록 한다.

4. 포장을 위한 기본 도구와 자재

꽃 포장을 하는 데 필요한 도구와 자재에는 다양한 것이 있지만 반드시 있어야 하거나 갖춰 놓으면 더욱더 편리한 것에는 다음과 같은 것이 있다.

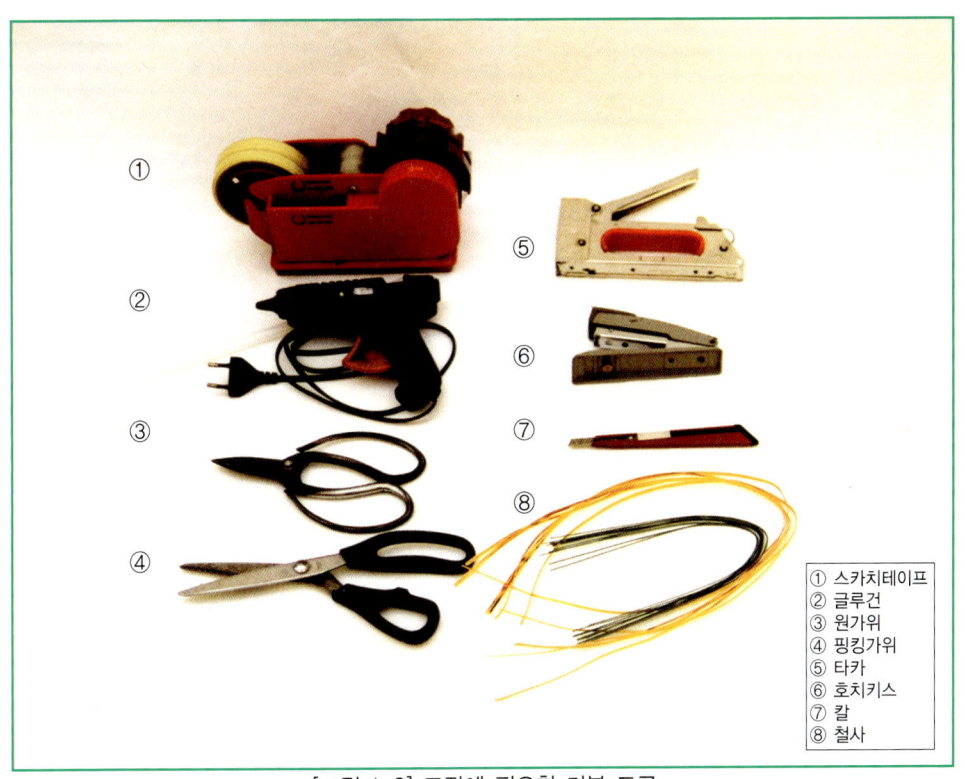

① 스카치테이프
② 글루건
③ 원가위
④ 핑킹가위
⑤ 타카
⑥ 호치키스
⑦ 칼
⑧ 철사

[그림 1-2] 포장에 필요한 기본 도구

◎ 가위

포장지나 리본을 적당한 크기나 모양으로 자르는 데 주로 사용된다. 가위 종류에는 여러 가지가 있지만 핑킹가위가 많이 이용된다.

◎ 끈 및 철사

포장지를 묶거나 감싸고 고정할 때나 리본을 묶을 때 필요하다. 칼라 타이나 철사에 종이를 감은 철사(지철사) 및 라피아를 준비하면 편리하다.

[그림 1-3] 다양한 종류의 리본

◎ 리본

꽃 포장에서는 포장의 마무리용으로 많이 이용된다. 재질에 따라 수지 리본, 공단 리본, 레이스 리본, 부직포 리본, 망사 리본 등 다양하다.

◎ 포장지

[그림 1-4] 다양한 종류의 포장지

꽃의 부가가치를 높이기 위해 포장할 때 사용하는 자재이다. 포장기술의 발달과 함께 부직포, 마, 주름종이, 망사, 무지 등 다양한 재질과 색상의 것이 시판되고 있다.

◉ 레이스 용품

분위기 있는 포장을 할 때 많이 이용된다. 특히 바구니 포장에 좋은 포장재로 바구니 턱이나 측면, 손잡이 등에 붙여 이용된다.

◉ 글루건과 스틱

글루건(glue gun)은 전기의 열로서 강력한 풀을 녹여서 디자인에 필요한 세공을 하는데 사용하는 도구로, 액세서리를 붙이거나 바구니 포장에서 많이 사용되는 것이다. 스틱(sticks)은 글루건에 사용하는 접착제 막대이다.

◉ 액세서리

항아리 장미, 구슬 등 다양한 것이 있는데, 어느 것이나 포장용 액세서리뿐만 아니라 꽃에 묶거나 늘어뜨려 장식 효과를 높일 수 있도록 만든 재료이다.

◉ 기타

포장시에 많이 사용되는 호치키스, 타카, 스카치테이프, 바구니 바닥에 깔아 물이 흘러내리는 것을 방지할 목적으로 이용되는 비닐류 등이 있다.

5. 리본의 활용

꽃 포장에서 리본은 포장 이상으로 꽃을 의미 있고 아름답게 보이게 한다. 리본은 일반적으로 꽃 색에 맞춰 유사한 색의 리본을 붙이는 것이 좋지만 특별한 의미를 부여하기 위하여 일부러 분위기를 갖는 색을 사용하는 경우도 종종 있다. 특히 애도용으로 사용하는 꽃 선물에서는 리본의 색을 선택할 때 주의하지 않으면 안 된다. 애도용에는 보통 검정이나 노랑색 위주로 사용하지만 최근에는 흰색이나 보라색, 물색 등을 사용하는 경우도 있다.

축하용에는 색깔에 크게 구애받지 않고 사용할 수가 있는데, 최근에는 리본의 색이나 종류가 천차만별이어서 고르는 데 상당히 곤란할 정도까지 되었다. 그렇지만 중요한 것은 꽃과 포장지의 색을 고려함과 동시에 사용자의 기호에 맞는 색깔이나 종류의 리본을 선택하는 것이 좋다.

[그림 1-5] 프렌치보우의 접는 순서

리본을 접는 방법에는 여러 가지가 있으나 일반적으로 이용되는 것은 프렌치보우(French bow)로 접는 순서는 [그림 1-5]와 같다.

리본은 흔히 단용으로 사용하는 것이 꽃 포장을 돋보이게 한다고 생각할 수 있지만 때로는 몇 종류의 리본을 2중 3중으로 겹치게 하여 사용하면 또 다른 느낌을 낼 수가 있다.

6. 포장을 위한 기초 기술

포장을 하기 전에 포장지의 특성을 알고 이를 이용해 여러 가지 다루는 법을 배워 놓으면 포장을 보다 용이하게 할 수 있다. 포장지를 말고, 접고, 주름을 만드는 등 포장을 위해 기본적으로 익혀 두어야 할 기술은 다음과 같다.

포장지 다루기

○ 날개 만들기

꽃다발, 분식물 포장에서 일반적으로 사용되며, 꽃바구니 포장에서도 간혹 꽃을 꽂는데 받침 소재 대신 사용된다. 만드는 방법은 [그림 1-6]과 같다.

① 모서리가 엇갈리게 접는다.

② 좌, 우측에서 안쪽으로 모아 접는다.

③ 주름이 접어지면 포장에 활용한다.

④ 난 포장용의 간지로 쓸 때는 손으로 쥐었던 부분을 철사로 묶어 고정해 둔다.

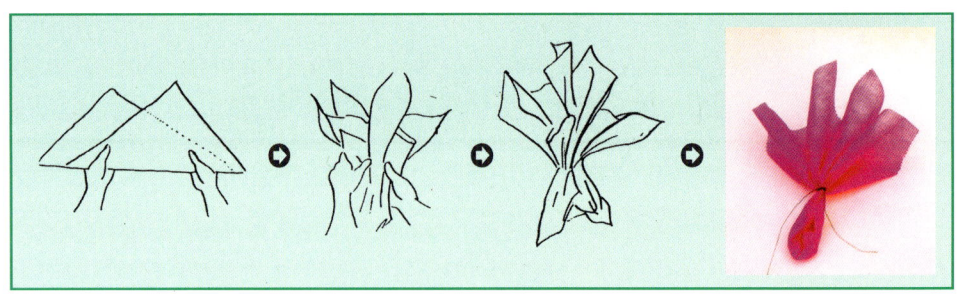

[그림 1-6] 날개 만드는 방법

● 원형 포장지로 날개 만들기

날개처럼 꽃다발, 분식물 포장에서 많이 이용되는 것으로 만드는 방법은 [그림 1-7]
과 같다.

① 원형으로 재단된 포장지를 약간 엇갈리게 접는다.

② 좌우 양측에서 안쪽으로 모아 접어 날개를 만든다.

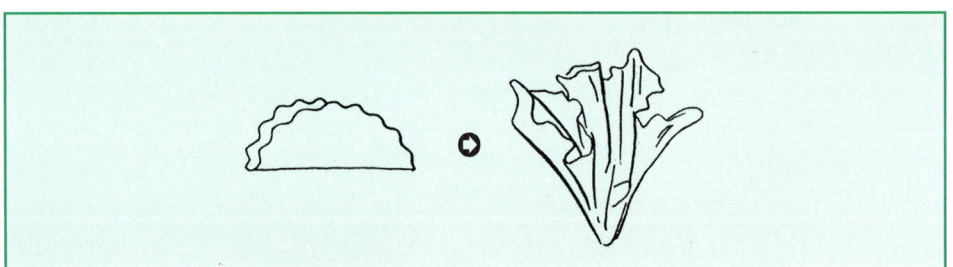

[그림 1-7] 원형 포장지로 날개 만드는 방법

● 올려 접어 주름 주고 조이기

꽃다발의 감싸기 포장이나 분식물의 근원부 감싸기 포장에서 많이 이용되는 것으로
만드는 방법은 [그림 1-8]과 같다.

① 위로 올려 접는다.

② 양쪽 끝을 안쪽으로 접어 넣어 전체적으로 깔끔하게 접어 지도록 한다.

③ 좌, 우측에서 안쪽으로 주름을 만들어가며 조인다.

④ 주름을 준 다음 조여진 것을 포장에 활용한다.

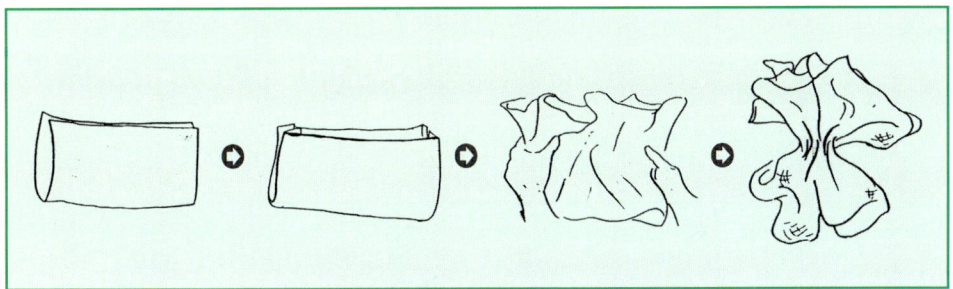

[그림 1-8] 올려 접어 주름 주고 조이는 방법

● 내려 접어 주름 주고 조이기

꽃다발의 감기 포장, 허리에 부풀림을 주는 데, 분식물의 근원부 감기 포장, 바구니 감기 포장 등 다양하게 활용된다. 만드는 방법은 [그림 1-9]와 같다.

① 반으로 접는다.

② 포장지 좌우 양끝 부분을 안쪽으로 접는다.

③ 좌, 우측에서 안쪽으로 주름을 만들어가며 모은다. 한 손에 꽃다발을 들고 있을 때는 한 손으로 해도 된다.

④ 주름이 접어지면 포장하고자 하는 부분에 붙인다.

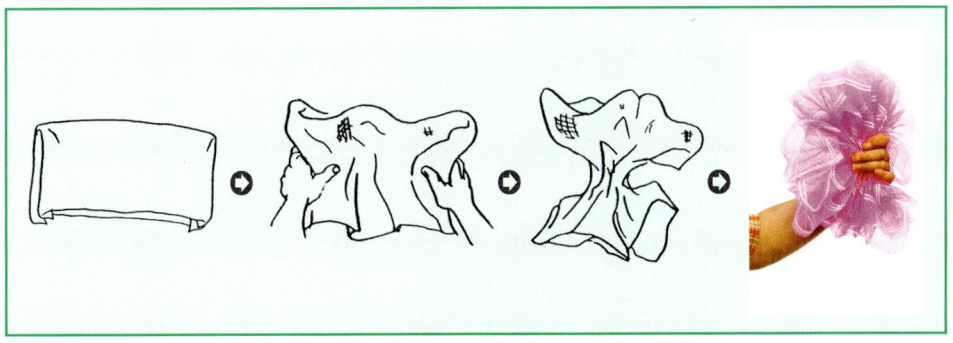

[그림 1-9] 내려 접어 주름 주고 조이는 방법

● 내려 접어 조이기

바구니 접합 부위 장식 등 액세서리로 많이 이용되는 기술로 방법은 [그림 1-10]과 같다.

① 직사각형의 포장지를 반으로 접는다. 이때 한쪽이 약간 길게 되도록 한다.

② 좌, 우측에서 안쪽으로 주름을 주면서 모은 다음 철사로 고정한다.

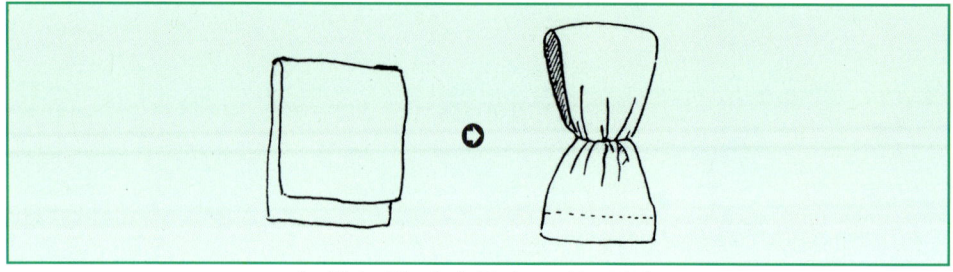

[그림 1-10] 내려 접어 조이는 방법

● 바로 접어 조이기

꽃다발, 분식물, 바구니의 감기 포장에 많이 활용되는 기술로 방법은 [그림 1-11]과 같다.

① 사각형의 포장지를 준비한다.

② 좌우 양측에서 안쪽으로 주름을 주어가며 조인다.

③ 크기와 색상이 다른 포장지 2장을 겹쳐 놓는다.

④ 좌우 양측에서 안쪽으로 주름을 주어가며 모아 날개를 만든다.

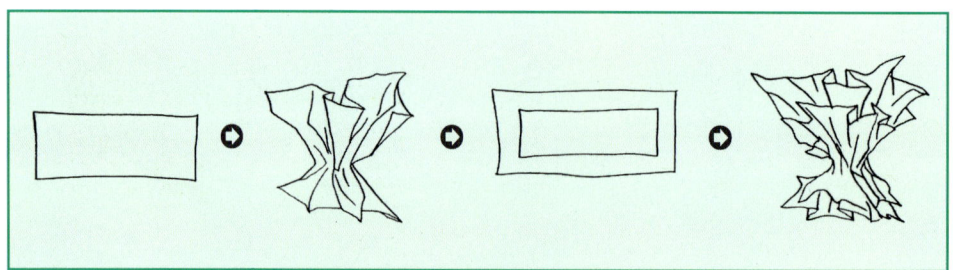

[그림 1-11] 바로 접어 조이는 방법

● 기둥 접기

꽃 포장에서 간지나 붙이기 재료로 이용하고자 할 때 또는 분식물 포장에서 양란의 꽃대를 감싸는 포장에 사용되는 기술로 방법은 [그림 1-12]와 같다.
① 사각형의 포장지를 만다. 마의 경우 포장지를 자르게 되면 자연스럽게 말린다.
② 반으로 접어 포장에 이용한다.

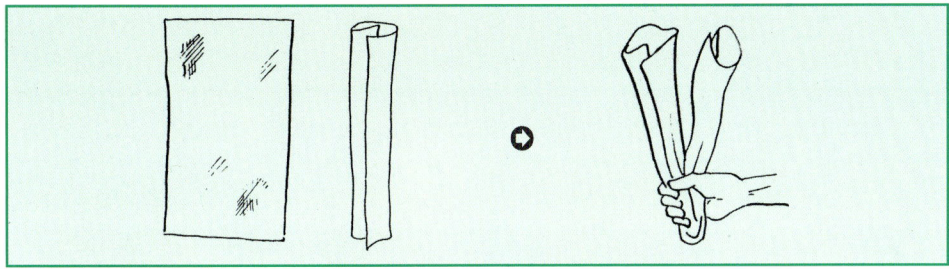

[그림 1-12] 기둥을 만드는 방법

● 꽃잎 만들기

붙이기 포장 재료로 이용하고자 할 때, 꽃다발을 연꽃형으로 포장할 때 등에 많이 사용되는 기술로 꽃잎을 만드는 방법은 [그림 1-13]과 같다.
① 사각형의 포장지를 반으로 접는다.
② 포장지 양 모서리를 늘리면서 가운데로 모은다.
③ 꽃잎 모양으로 만든다.
④ 철사로 묶어 고정한다.

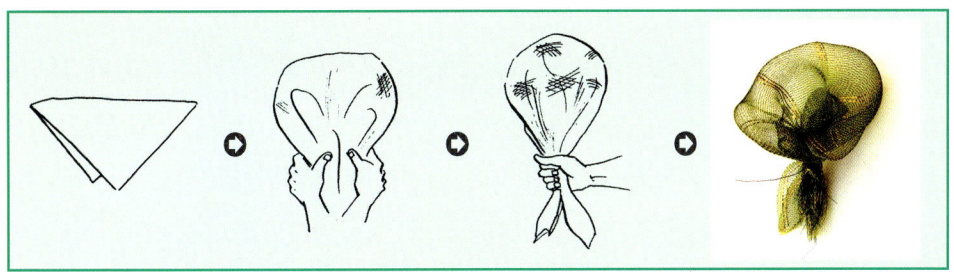

[그림 1-13] 꽃잎을 만드는 방법

● 볼 만들기

각종 꽃 포장에서 액세서리로 사용되며 만드는 방법은 [그림 1-14]와 같다.

① 직사각형으로 자른 포장지 양쪽 끝을 가운데로 접어 겹치게 한다.

② 포장지의 좌, 우측에서 안쪽 방향으로 주름을 주어 조인다.

③ 볼 형태가 되면 끈이나 철사로 묶어 고정한다.

④ 볼에다 리본이나 접어서 만든 장미 등을 붙여서 장식성을 높인다.

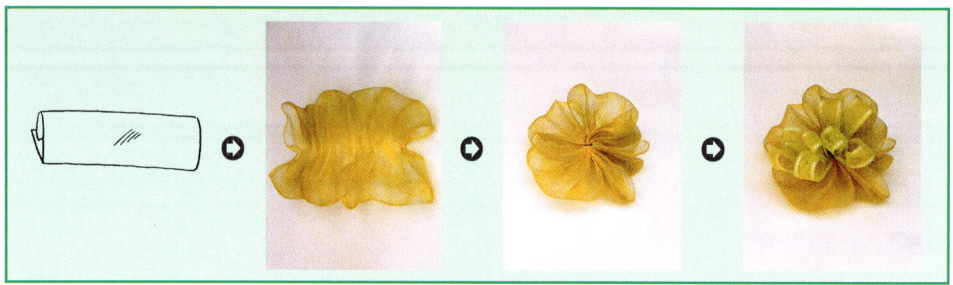

[그림 1-14] 볼을 만드는 방법

● 막대 만들기

꽃 포장을 보다 다양하고 공예적으로 하는 데 많이 활용되는 기술로 만드는 방법은 [그림 1-15]와 같다.

① 포장지를 말아 막대 모양으로 만든다.

② 막대 모양이 되면 양쪽 끝을 끈이나 호치키스로 고정을 해 풀리지 않도록 한다.

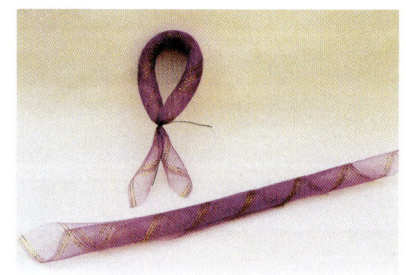

③ 막대 모양으로 만든 포장지 양끝을 모아 묶어 액세서리로 활용한다.

④ 막대 모양으로 만든 포장지 중간 부분과 양끝 부분을 함께 묶으면 하트형이 된다.

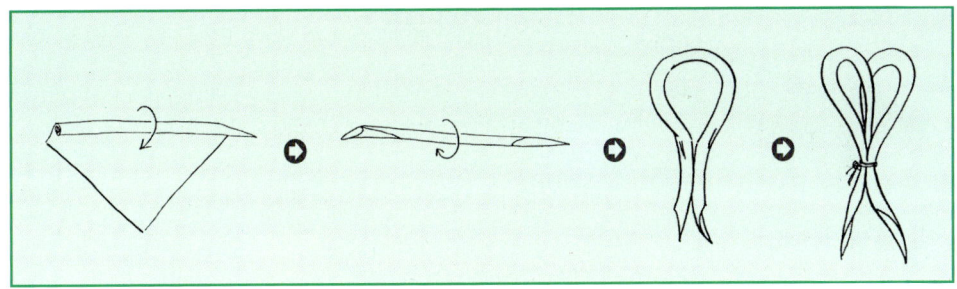

[그림 1-15] 막대를 만드는 방법

● 장미 만들기

꽃 포장에서 액세서리로 많이 이용되는 장식품으로 만드는 방법은 [그림 1-16]과 같다.

① 포장지를 직사각형으로 자른 다음 반으로 접고, 왼쪽 끝을 접어 심을 만든 다음 볼륨을 주면서 돌돌 말아 주거나 뒤로 접어 가면서 말아 준다.

② 적당한 양으로 장미 모양이 완성되면 철사를 이용하여 묶고 모양을 다듬는다.

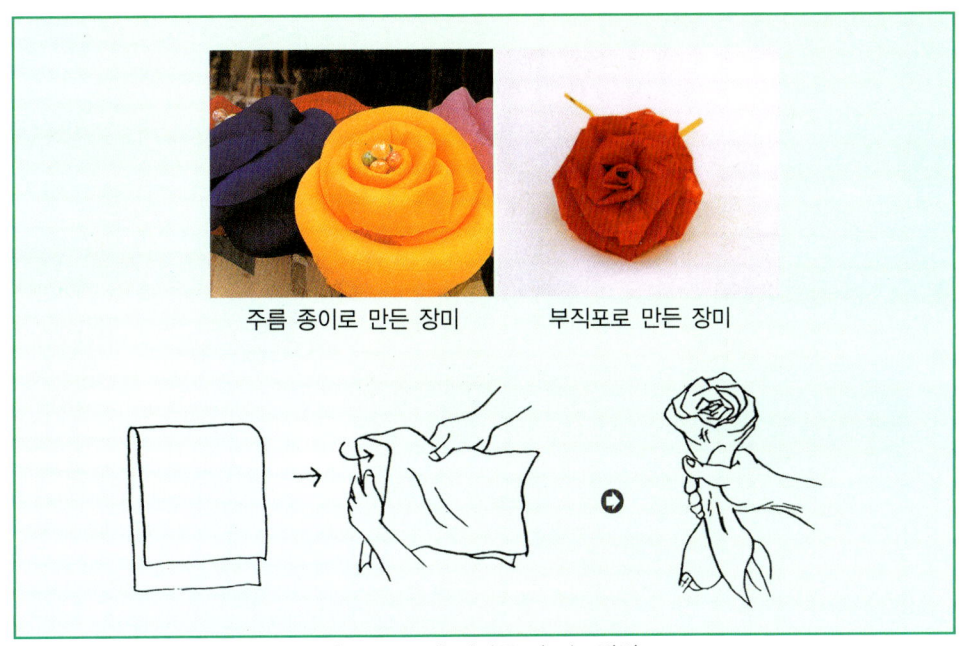

주름 종이로 만든 장미   부직포로 만든 장미

[그림 1-16] 장미를 만드는 방법

◉ 장미 감싸 모으기

꽃다발의 간지 포장에서 많이 이용되는 기술로 만드는 방법은 [그림 1-17]과 같다.

① 포장지를 직사각형으로 잘라 그림과 같이 접는다.

② 포장지의 양쪽 끝을 늘린다.

③ 포장지로 장미를 감싼 다음 철사를 이용해 묶는다.

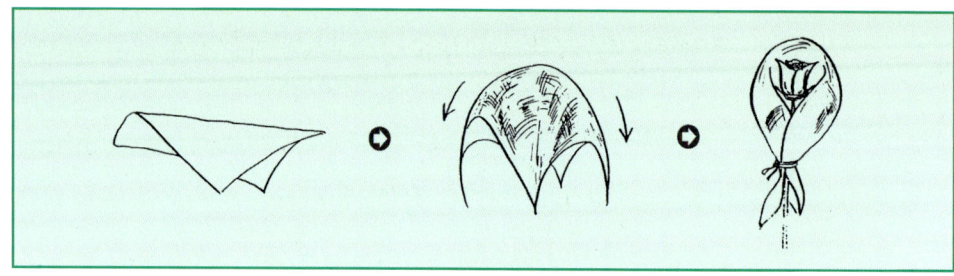

[그림 1-17] 장미를 감싸는 방법

◉ 장미 1송이 감기 포장

장미 1송이 포장은 투명한 포장지(주로 OPP)로 장미 1송이를 감아(말아) 포장하는 기술이다. 포장된 장미 1송이는 그 자체가 상품으로 이용되기도 하지만 때로는 꽃다발의 일부로 사용되기도 한다. 만드는 방법은 포장지 모서리에 장미를 경사지게 놓은 다음 말아 완성한다[그림 1-18].

[그림 1-18] 장미 1송이 포장

7. 포장과 색채

포장은 디자인의 한 부분임을 인식하여야 한다. 디자인의 주조 색을 고려하여 포장지의 색상을 선택하고 이에 조화되는 색상의 리본을 선택하여야 하며, 균형적인 규모의 보우(bow)를 달아 완성하는 것이 좋다.

2장 꽃다발 포장

1. 꽃다발 포장의 의의

    꽃다발은 대중적으로 이용되는 꽃 선물로 꽃 포장이 가장 많이 적용되고 있다. 꽃다발에서 포장은 꽃의 보호측면에서 운반시 외부의 온도나 바람, 꽃다발을 든 사람의 체온으로부터 보호한다. 작품측면에서는 외부환경이나 운반할 때 작품을 보호하고 작품의 가치를 높인다. 또 색, 질감, 디자인 등에 의해 미적 상승 효과를 높일 수 있다.

    꽃다발을 이용하는 사람의 입장에서는 잎에서 묻어날 수 있는 물질, 가시 찔림, 수액으로부터 보호할 수 있으며, 선물할 때 선물로서의 가치를 높여 준다. 꽃집에서는 꽃이라는 재료에 부가가치를 더함으로써 판매를 촉진시키고 이익을 최대화할 수 있다.

2. 꽃다발의 형태와 포장 기법

계단형으로 배열한 꽃다발

글라디올러스와 같은 라인 플라워나 장미 같은 매스 플라워에 적용하기 쉬운 꽃다발이다. 꽃의 줄기가 긴 꽃을 이용해 꽃다발을 만들고 포장할 때 많이 이용하는 형태이다. 꽃을 계단형으로 배열한 꽃다발로 한 면에서 볼 수 있도록 되어 있다. 줄기 끝은 서로 다르기 때문에 꽃병에 이용하려면 포장을 풀어야 한다. 그러므로 말려서 벽 등에 걸어 놓고 감상하기에 좋은 꽃다발이다.

주로 한 면에서 볼 수 있도록 길게 만든 것이므로 뒷부분이 되는 곳에는 배경지 포장을 하는 것이 좋다. 즉 감싸거나 감싸 모으는 포장, 외 기둥형이나 양 기둥형, 양끝 묶은 포장이 적용하기 쉽다.

라운드 및 원추형 꽃다발

프리지어 같이 줄기가 짧은 꽃이나 장미 같이 줄기가 긴 매스 플라워에 적용하기 쉬운 꽃다발이다. 꽃의 얼굴이 일정한 높이로 배열되었거나 중앙에는 높게, 주위는 낮게 배열되어 사방에 관상할 수 있도록 만든 꽃다발이다. 이 꽃다발은 포장을 한 채 꽃병에 꽂아 놓고 즐길 수 있으며 쉽게 들고 다닐 수도 있다. 또 꽃의 줄기가 일정한 크기인 채 다발이 되므로 풀어서 그대로 이용할 수 있는 장점이 있으나 포장을 해 놓은 채 말려 벽에 걸어 놓고 이용할 때는 감상 효과가 떨어지는 단점

이 있다. 포장은 감기, 붙이기, 받침 포장, 간지 넣기 포장이 적용하기 쉽다.

3. 꽃다발 손잡이 처리

손잡이에는 꽃이 오랫동안 보존될 수 있도록 물을 머금은 티슈나 솜을 붙이고 그 위로부터 알루미늄 호일이나 비닐로서 커버하면 좋다. 그런데 알루미늄 호일은 너무 반짝거려 인위적인 느낌이 강하기 때문에 알루미늄 호일로 감싼 다음 부직포와 같은 포장재로 손잡이를 감싸는 것이 좋다.

4. 꽃다발 포장의 실제

감싸 올리기 포장

줄기가 짧은 라운드형 꽃다발에 많이 적용되는 포장법이다. 프리지어 같은 꽃으로 가볍게 들고 다니거나 어린이들에게 선물하는 미니 꽃다발을 만들 때 쉽게 할 수 있는 포장법이다.

○ 감싸 올리기 포장 1

소형 원형 꽃다발에서 많이 적용하는 포장법이다 [그림 2-1].
① 꽃다발의 손잡이 끝이 그림의 위치에 오도록 한다.
② 포장지의 모서리를 화살표 방향으로 접는다.
③ 포장지의 나머지 부분을 안으로 접어 넣으면서 잔주름이 많도록 접는다.
④ 접는 부분이 풀리지 않게 하고, 예쁜 모양이 되도록 손잡이에 리본을 묶는다.

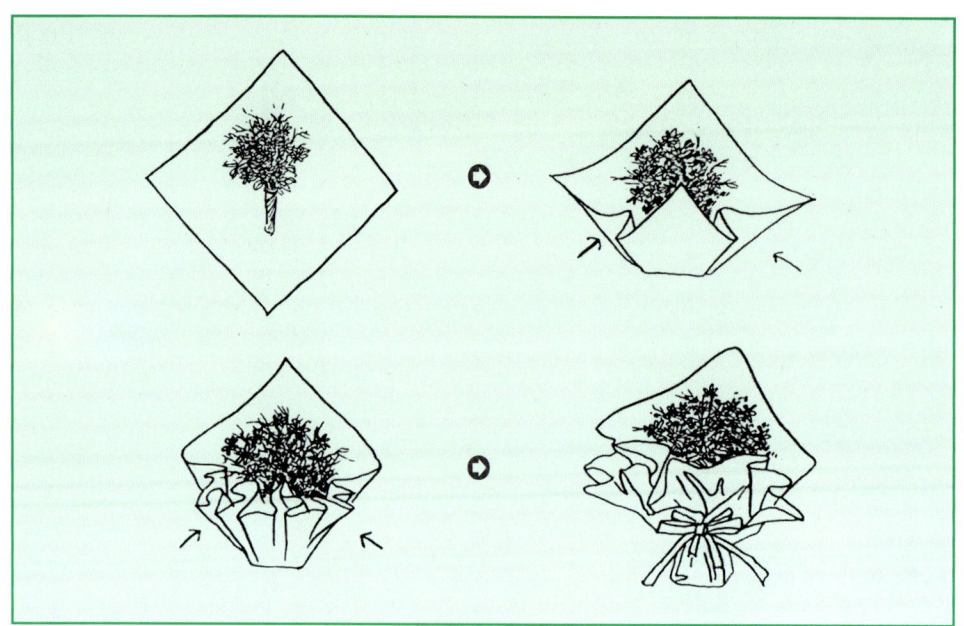

[그림 2-1] 소형 원형 꽃다발을 감싸 올려 포장하는 방법

● 감싸 올리기 포장 2

소형 원형 꽃다발에서 많이 적용하는 포장법이다[그림 2-2].

① 꽃다발의 손잡이 끝이 포장지 중심에 위치하도록 한다.

② 포장지에 주름을 주어가며 감싸 올린 다음 고무밴드나 철사로 묶는다.

③ 리본을 묶어서 완성한다.

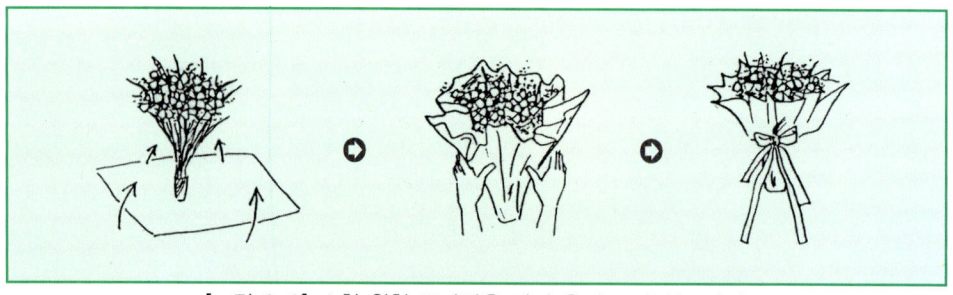

[그림 2-2] 소형 원형 꽃다발을 감싸 올려 포장하는 방법

● 감싸 올리기 포장 3

포장지로 꽃다발을 감싸 올려 포장하는 방법이대[그림 2-3].

① 포장지가 엇갈리게 놓고 꽃다발의 손잡이 끝을 포장지 중심에 위치시킨다.

② 포장지에 주름을 주어가며 감싸 올린 다음 고정한다.

③ 가로로 주름을 주어 접은 포장지로 먼저 포장한 부분을 받쳐 주고 손잡이에 리본을 묶어 완성한다. 또는 반으로 내려 접은 포장지로 먼저 포장한 부분을 받쳐 주고 리본을 붙여 완성한다.

[그림 2-3] 소형 원형 꽃다발을 감싸 올려 포장하는 방법

감기(말기) 포장

긴 사각형의 포장지로 줄기를 둘둘 말듯이 돌아가면서 포장하되 꽃이 노출되도록 하는 포장법이다. 줄기가 길면서도 끝부분이 일정한 높이로 된 꽃다발에 많이 적용되며, 포장을 한 채 꽃병에 꽂아 이용할 수 있는 특성이 있다.

● 1장 감기 포장

1장 감기 포장은 가장 간단하게 포장을 할 수 있는 포장법이다[그림 2-4]. 주로 주름지나 투명한 포장지를 이용하는 것이 좋다.

① 사각형의 포장지를 접는다.

② 한 손으로는 꽃다발을 잡고, 한 손으로는 주름을 만든 포장지를 꽃다발에 붙인다.

③ 주름을 주어가며 접은 포장지를 꽃다발에 붙인 후 돌아가며 감싸고 나서 리본을 붙여 완성한다.

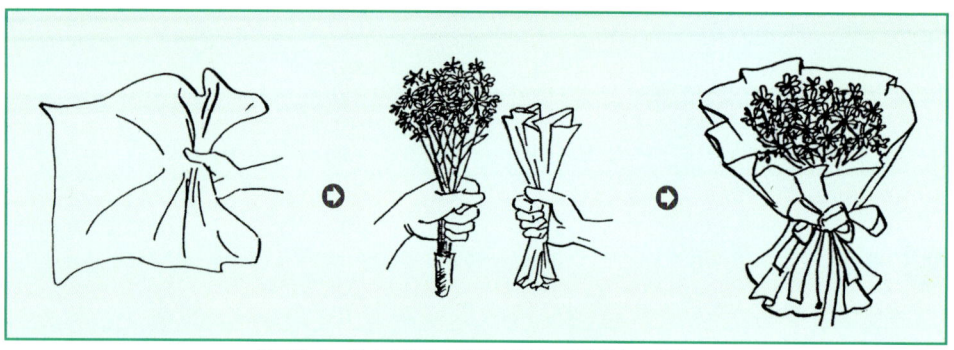

[그림 2-4] 포장지 1장을 감아 포장하는 방법

● 2장 감기 포장

색상이나 재질 및 크기가 각기 다른 포장지 2장 이상을 겹쳐 놓은 다음 이것으로 꽃다발을 돌아가면서 포장하는 방법이다. 1장 감기에 의한 포장의 단순함을 보완하기에 좋은 포장 방법이다[그림 2-5].

① 크기나 색깔이 다른 포장지를 겹쳐 놓은 다음 양쪽에서 주름을 주어가며 안쪽으로 조인다. 또는 1장 감기에 의해 포장한 다음 다시 1장을 추가로 감아 포장한다.

② 주름을 주어가며 접은 포장지를 꽃다발에 붙여서 감고, 주름이 골고루 퍼지도록 돌려 잡은 후 리본으로 마무리한다.

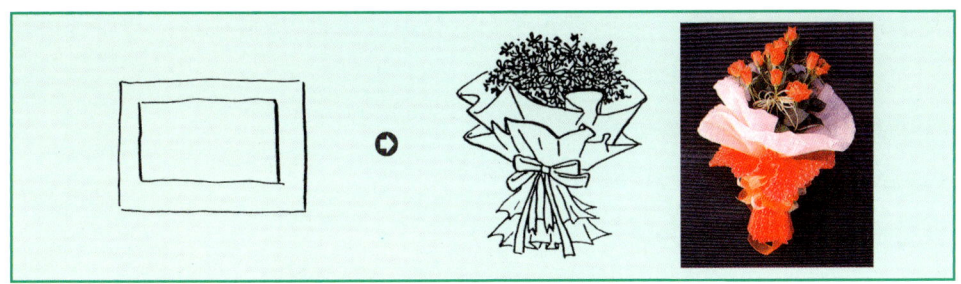

[그림 2-5] 포장지 2장을 감아 포장하는 방법

◯ 올려 접은 포장지로 감기 포장

포장지를 올려 접은 다음 감아 포장하는 방법이다[그림 2-6].

① 직사각형의 포장지를 반으로 올려 접는다.

② 포장지 양끝에서 안쪽으로 주름을 주어가며 접는다.

③ 주름을 준 포장지로 꽃다발을 감싼 다음 리본을 묶고, 포장지가 잘 펴지도록 손질한다.

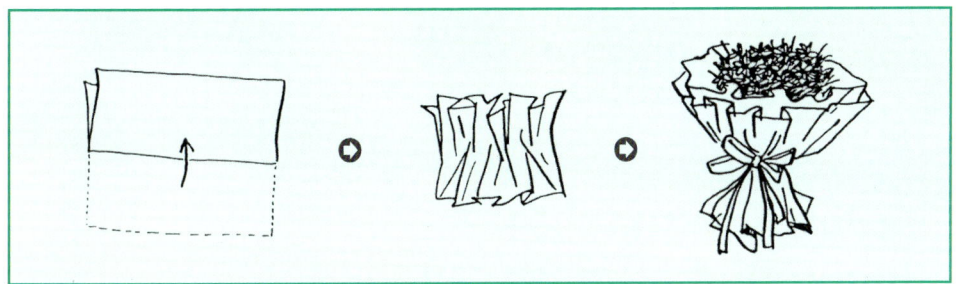

[그림 2-6] 포장지를 올려 접은 다음 꽃다발을 포장하는 방법

◯ 주름 주어 감기 포장

최근 시판되고 있는 폴리에스테르 부직포 재질의 주름 포장재는 주름이 만들어져 있어 인위적으로 주름을 주지 않고도 주름을 준 포장을 할 수 있지만 그 외 재질에서는 주름을 주고자 할 때 인위적으로 주름을 만들어서 포장을 해야 한다. 포장 방법은 [그림 2-7]과 같다.

① 포장지를 반으로 접은 다음 다시 주름을 접고 나서 끝부분을 가위로 잘라 모양을 만든다. 모양을 만든 포장지는 꽃다발에 붙여 감는다.

② 포장지가 겹쳐지는 곳을 호치키스로 고정한다.

③ 리본을 붙인 후 모양을 고쳐가며 완성한다.

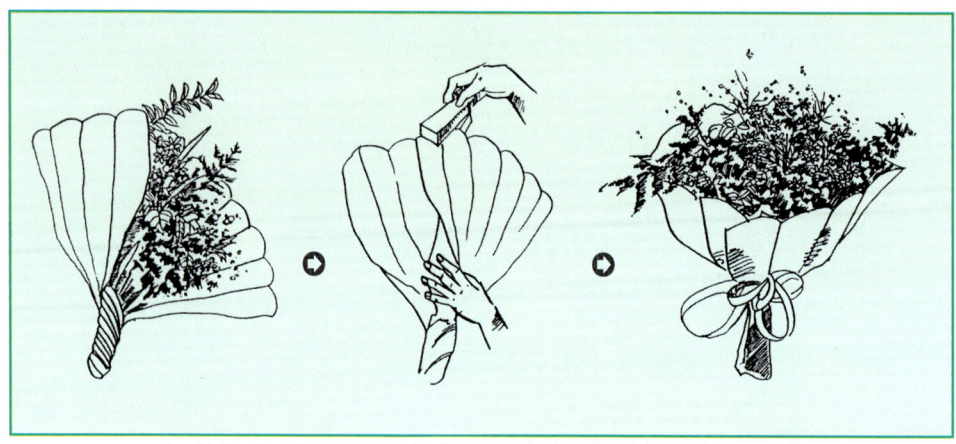

[그림 2-7] 포장지에 주름을 준 다음 꽃다발을 감아 포장하는 방법

⦿ 내려 접은 포장지 1장으로 감기 포장

포장지를 내려 접은 다음 감아 포장하는 방법이다[그림 2-8].

① 직사각형의 포장지를 반으로 접는다.

② 양쪽에서 안쪽으로 주름을 주어가며 모아 접는다.

③ 주름을 만든 포장지를 꽃다발에 붙인 후 감는다.

④ 손잡이를 부직포 등으로 먼저 감싼 다음 반으로 접어 주름을 만든 포장지로 꽃 머리 부분을 한 바퀴 돌려 포장하고 리본을 붙여 완성한 꽃다발

⑤ 꽃 머리 부분을 포장지로 받치듯이 돌려가며 포장한 다음 손잡이 부분을 포장지로 감싸고 리본을 붙여 완성한 꽃다발

⑥ 포장지를 길게 자른 다음 반으로 내려 접어 꽃 머리 부분부터 손잡이 쪽으로 나선형이 되도록 돌려가며 포장하고 리본을 붙여 완성한 꽃다발

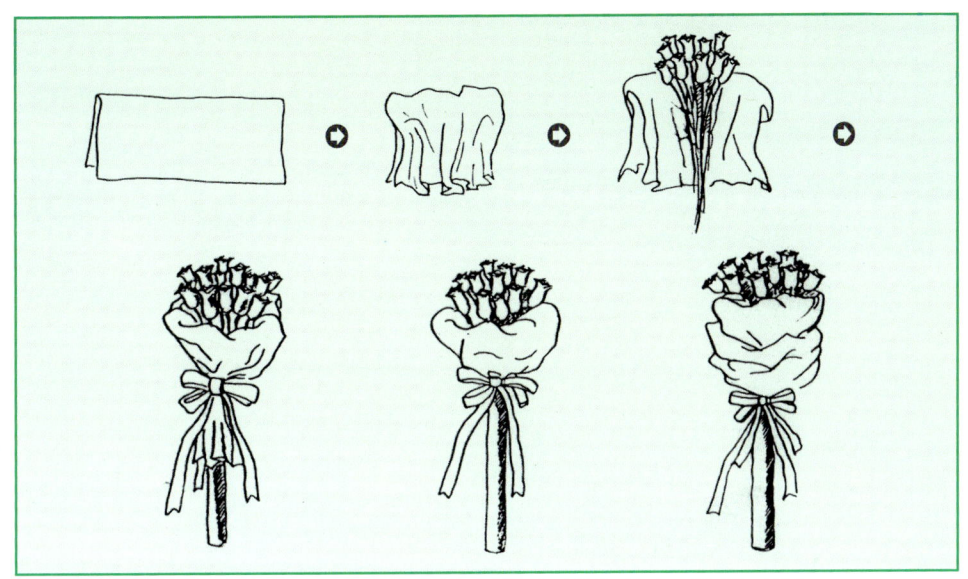

[그림 2-8] 포장지를 내려 접은 다음 꽃다발을 감아 포장하는 방법

● 내려 접은 포장지 2장으로 감기 포장

내려 접은 포장지를 겹으로 포장하는 방법이다[그림 2-9].

① 꽃다발을 만든 후 부직포로 손잡이를 포장한다.

② 포장지 1장을 내려 접은 후 한 바퀴 돌려 감는다.

③ 포장지 1장을 추가로 내려 접은 후 돌려 감는다.

④ 리본을 붙이고 모양을 고쳐가며 완성한다.

[그림 2-9] 포장지를 내려 접은 다음 꽃다발을 감아 포장하는 방법

● 꽃다발을 눕힌 다음 포장지로 감기 포장

꽃다발을 눕힌 다음 감아 포장하는 방법이다[그림 2-10].

① 직사각형의 포장지 위에 꽃다발을 대각선으로 놓는다.

② 포장지로 꽃다발을 말듯이 감는다.

③ 꽃이 노출되게 포장지를 감은 후 허리 부분을 조이고 리본을 붙여 완성한다.

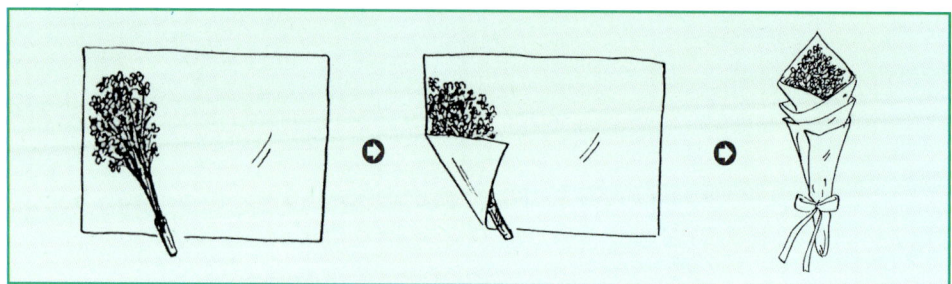

[그림 2-10] 포장지에 꽃다발을 놓은 다음 감아 포장하는 방법

[그림 2-11] 1장의 포장지로 꽃다발을 돌돌 말듯이 포장한 꽃다발. 포장지 윗부분을 바깥쪽으로 말아 볼륨을 주고 나선형으로 마무리를 하였다.

[그림 2-12] 2장의 포장지로 꽃다발을 말듯이 감아 포장한 꽃다발

● 포장지를 뒤로 접은 다음 앞쪽으로 감기 포장

포장지 위에 꽃을 놓은 다음 앞쪽으로 감아 포장하는 방법이다[그림 2-13].

① 꽃다발을 받치는 포장지가 힘이 있도록 왼쪽 끝부분을 안쪽으로 접는다.

② 우측의 포장지를 뒤쪽으로 접는다.

③ 좌측의 접어놓은 포장지 위에 꽃다발을 놓는다.

④ 우측의 포장지를 좌측으로 감는다.

⑤ 포장지를 한 바퀴 감는다.

⑥ 주름이 예쁘게 잡히도록 정리한 다음 묶고 리본을 붙여 완성한다.

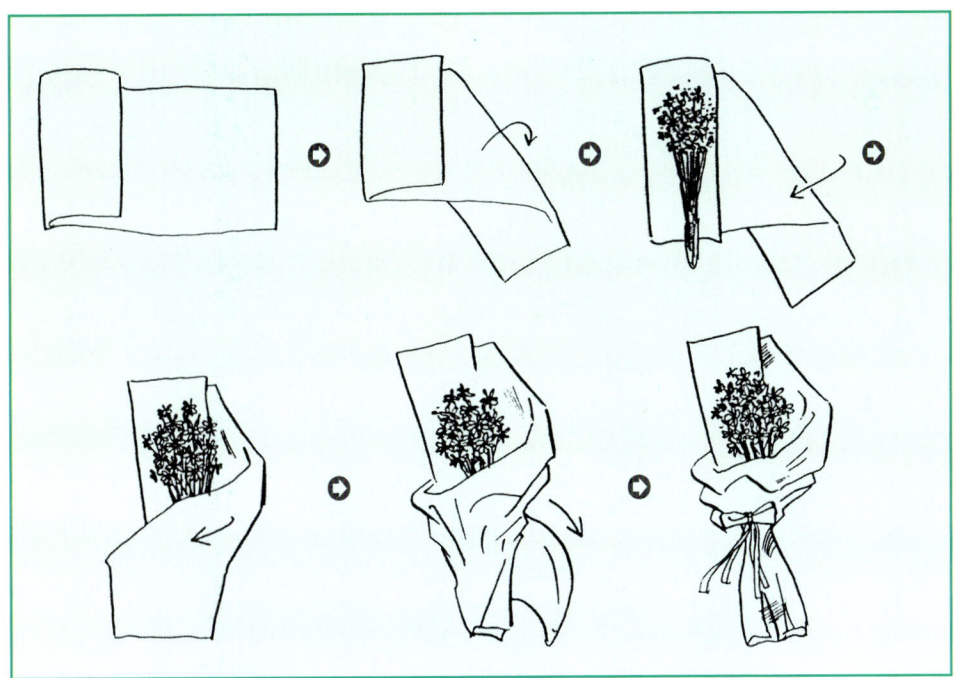

[그림 2-13] 포장지를 뒤로 접은 다음 앞쪽으로 감아 꽃다발을 포장하는 방법

● 포장지를 뒤쪽으로 감기 포장

포장지 위에 꽃다발을 놓은 다음 뒤쪽으로 감아 포장하는 방법이다[그림 2-14].

① 왼쪽 끝을 안쪽으로 접는다.

② 접힌 포장지 위에 꽃다발을 올려놓는다.

③ 왼손으로 왼쪽의 포장지와 꽃다발을 고정한 후 오른손으로 오른쪽 포장지를 잡아 손잡이 쪽에 모은 후 왼손으로 고정한다.

④ 오른쪽의 포장지를 뒤쪽으로 넘긴다.

⑤ 뒤쪽으로 돌린 우측 포장지를 우측으로 감는다.

⑥ 왼손으로 쥐었던 부분에 리본을 묶는다. 전체적으로 모양을 보아가며 주름을 수정하면서 완성한다.

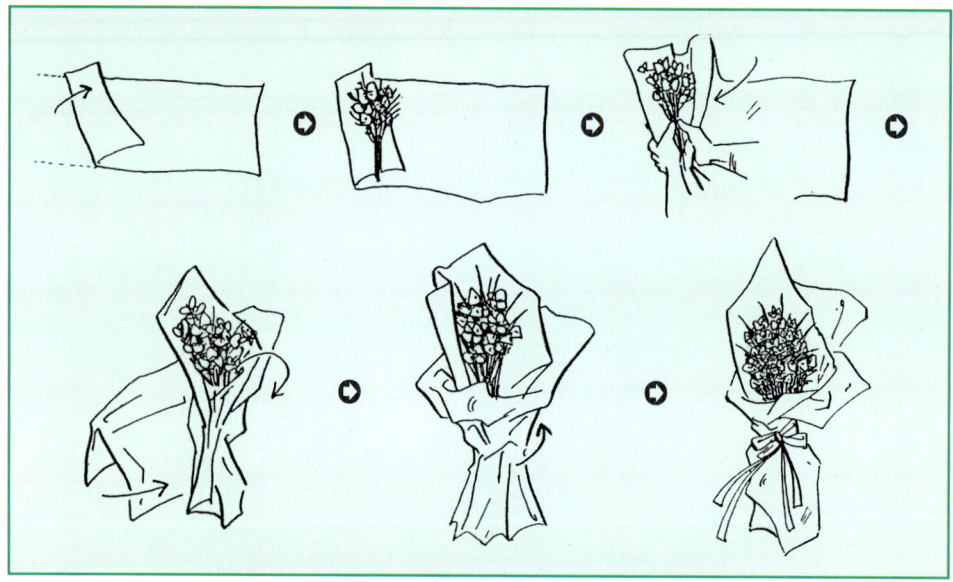

[그림 2-14] 포장지를 뒤쪽으로 감아 꽃다발을 포장하는 방법

[그림 2-15] 포장지를 뒤쪽으로 감아 포장한 꽃다발

● 역삼각형의 포장지로 감기 포장

꽃의 얼굴 부분을 강조한 꽃다발로 간결하면서도 쉽게 포장할 수 있는 포장법이다. 포장과정은 [그림 2-16]과 같다.

① 역삼각형으로 접은 포장지 위에 꽃다발을 올려놓는다.

② 포장지로 꽃다발을 말듯이 감아 포장한다.

③ 허리 부분을 묶고 리본을 붙인다.

④ 포장지 1장을 감았을 때는 단순하므로 2～3장을 반복해서 감아 포장한다.

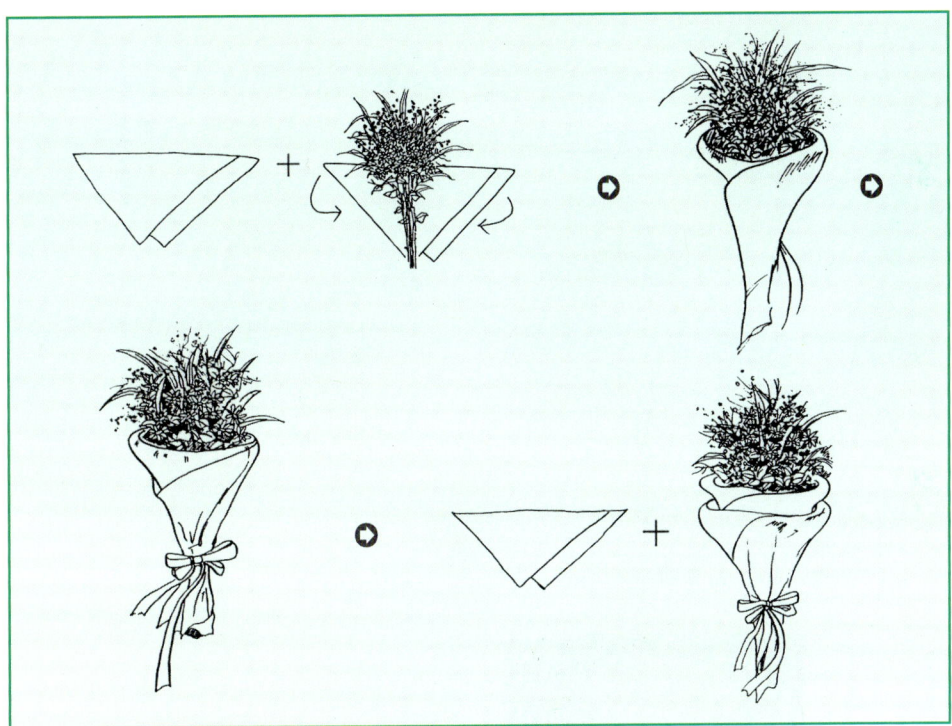

[그림 2-16] 포장지를 접어 역삼각형으로 만든 다음 꽃다발을 감아 포장하는 방법

● 역삼각형의 포장지를 감아 종 모양으로 만든 포장

포장지로 꽃다발을 감아 포장하는 방법이다[그림 2-17]. 단순하게 감아 포장하는 것에 비해 포장의 곡선미가 아름답다.

① 접은 포장지 위에 꽃다발을 올려놓는다.

② 포장지를 감아 종 모양으로 만들고 호치키스로 접합 부위를 고정한다.

③ 손잡이에 포장지를 모아 고정하고 리본을 붙인다. 포장지 위쪽 테두리는 말아 내려 볼륨을 준다.

④ 1장을 감고 나서 1장을 더 감아 포장하고 리본을 붙여 완성한 꽃다발

⑤ 종 모양으로 포장된 아랫부분에 받침을 첨가해 변화를 준 꽃다발

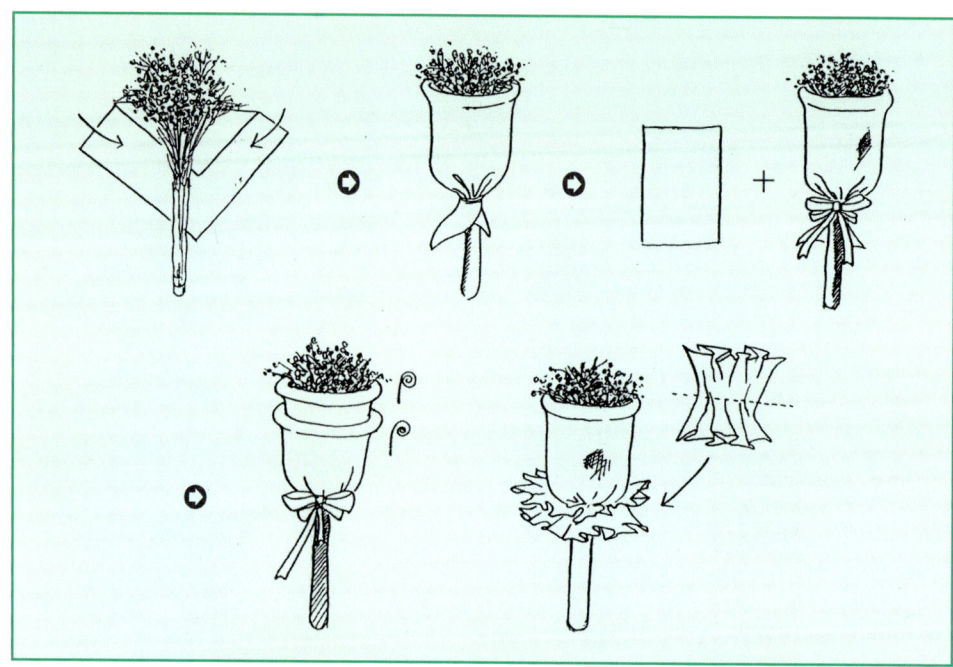

[그림 2-17] 포장지를 접어 역삼각형으로 만든 다음 종 모양으로 포장하는 방법

[그림 2-18] 역삼각형의 포장지를 감아 종 모양으로 포장한 꽃다발

붙이기 포장

포장지를 꽃다발 주위에 붙여가면서 포장하는 방법으로 사방에서 관상이 가능하다.

● 줄기가 짧은 원형 꽃다발의 붙이기 포장

포장지를 꽃다발에 돌아가면서 붙이는 포장법이다[그림 2-19].

① 포장지를 그림과 같이 접어 3~5장을 준비한다.

② 접은 포장지로 꽃다발을 감싸듯이 붙인다.

③ 각각의 포장지가 겹쳐지는 곳을 호치키스로 고정하여 포장지가 쳐지는 것을 방지한다.

④ 리본을 묶는다.

⑤ 꽃이나 포장지를 손질하면서 아름다운 모습이 되도록 한다.

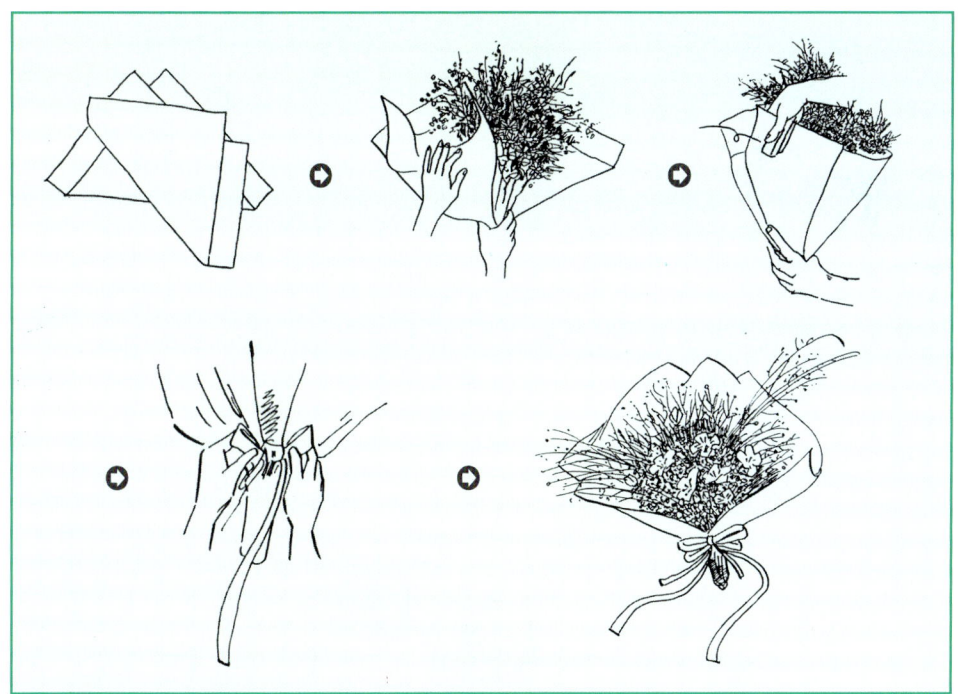

[그림 2-19] 줄기가 짧은 원형 꽃다발의 붙이기 포장 방법

● 날개 붙이기 포장

날개형으로 접은 포장지를 꽃다발에 붙여서 포장하는 방법으로 부직포, 마를 이용하는 것이 좋으며 줄기를 길게 한 원형 꽃다발에 잘 어울린다. 포장 방법은 [그림 2-20]과 같다.

① 꽃다발을 만든 후 손잡이에 부직포를 감고 나서 날개를 접어 붙인다.

② 꽃다발 주위를 한 바퀴 돌아가며 날개를 붙이고 나서 리본을 묶어 완성한다. 꽃다발 손잡이에 부직포를 감지 않은 상태에서 날개를 붙여 포장했다면 포장 후 손잡이를 감은 다음 리본을 묶어 완성한다.

③ 아래로 내려 접은 받침을 붙여 날개가 처지는 것을 방지한다.

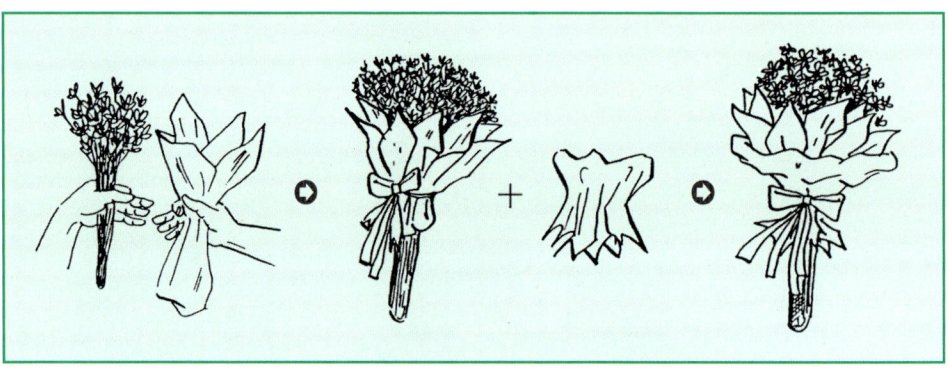

[그림 2-20] 날개를 붙여 포장하는 방법

● 접어 내린 포장지를 붙이기 포장

꽃다발이 클 경우 포장지를 내려 접어 조인 포장지로 꽃다발을 감게 되면 꽃과의 균형이 안 맞을뿐더러 줄기 부분에 별도의 처리를 해야 할 때가 있다. 이때는 접어 내린 포장지를 붙여 포장하는 것이 효율적이다. 포장 방법은 [그림 2-21]과 같다.

① 줄기가 긴 꽃다발은 포장지를 가로 측으로 해서 반으로 접어갈 경우 손잡이 부분의 커버가 안 되므로 포장지를 세로 측으로 놓은 다음 반으로 접어 주름을 만든 다음 2~4장을 붙여 포장한다.

② 가로 측으로 접어 주름을 준 포장지를 겹겹이 붙여 볼륨이 있게 한다.

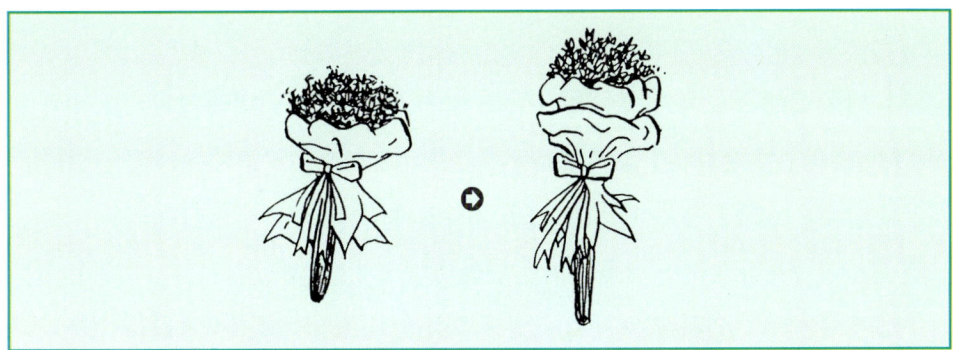

[그림 2-21] 접은 포장지를 붙여 포장하는 방법

○ 기둥형으로 접은 포장지로 붙이기 포장

기둥형으로 접은 마를 돌아가면서 붙이는 포장법이다[그림 2-22].

① 마를 기둥형으로 접는다.

② 기둥형으로 접은 마를 돌아가면서 붙이고 리본을 붙인다.

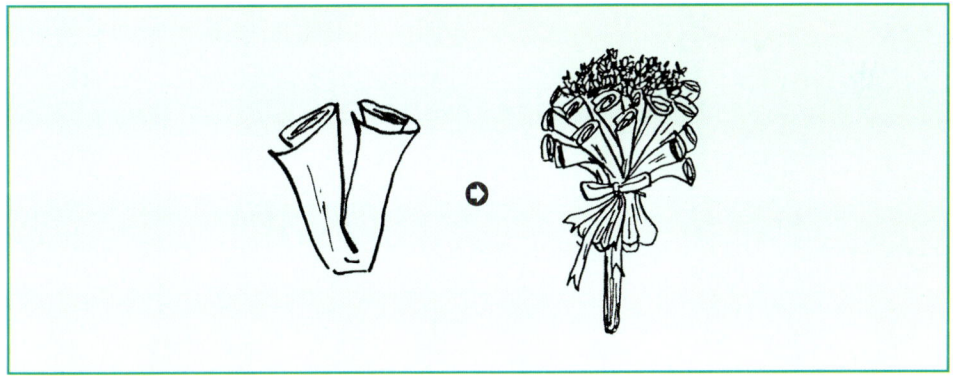

[그림 2-22] 기둥형으로 접은 포장지를 붙여 포장하는 방법

○ 내려 접어 조인 포장지로 붙이기 포장

내려 접어 조인 포장지를 붙이는 포장 방법으로 내려 접어 조인 포장지로 감은 포장

을 한 것과 비슷해 보이나 붙이기 포장은 포장지를 짧게 자른 다음 내려 접어 조인 것을 사용하는 데에 비해 감기는 긴 포장지를 내려 접어 조인 다음 이것으로 꽃다발을 감아서 포장하는 방법이다. 이 때문에 꽃이 적은 꽃다발에서 내려 접어 조인 포장지로 감기 포장을 하면 부풀림이 커 꽃과 균형이 맞지 않을 때가 있다. 반면에 포장지를 짧게 잘라 내려 접어 조인 포장지를 붙인 꽃다발은 포장지의 부풀림 부분이 꽃과 잘 조화되며, 포장도 섬세해 보인다. 포장 방법은 [그림 2-23]과 같다.

① 포장지를 토막토막 낸 다음 받침을 만들고 줄기에 붙인다.
② 모양을 살펴 가면서 같은 색이나 재질 혹은 다른 포장지를 겹치게 붙여 가면서 완성한다.

[그림 2-23] 받침을 붙여 포장하는 방법

◯ 양 기둥형으로 접은 포장지로 붙이기 포장

줄기가 긴 사방형 꽃다발을 풍성하면서도 조형감 있게 포장하고자 할 때 이용하기 좋은 포장법으로 과정은 [그림 2-24]와 같다.

① 포장지를 그림과 같이 양쪽에서 말아 양 기둥형이 되도록 한다.

② 양 기둥형으로 말아 놓은 포장지를 반으로 꺾은 다음 꽃다발에 붙인다.

③ 양 기둥형으로 말아 놓은 포장지만을 붙여 완성해도 좋지만 포장지가 처지거나 미적 효과를 높이고자 할 때는 받침을 붙여 주거나 주름지 등의 포장지로 감아 준다.

④ 포장지로 손잡이를 감싸주고 리본을 붙여 완성한다.

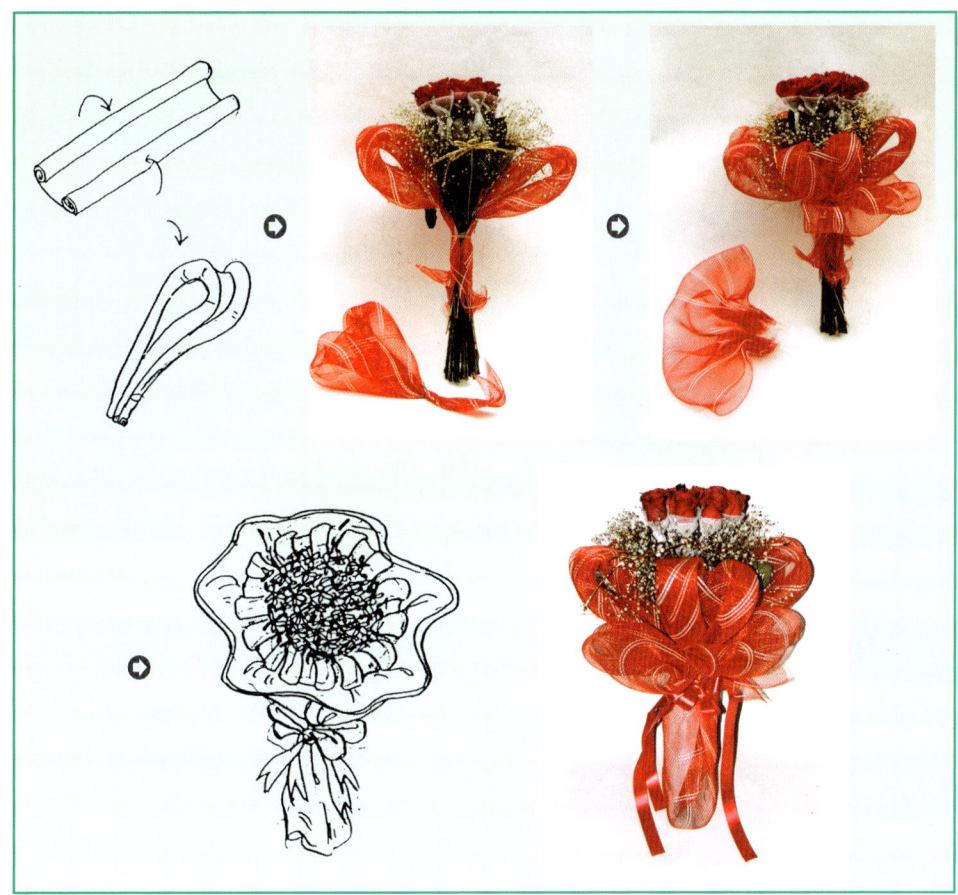

[그림 2-24] 양 기둥형으로 접은 포장지를 붙여 포장하는 방법

◯ 사각형 포장지로 붙이기 포장

꽃다발에 사각형 포장지를 돌아가며 붙이는 방법이다[그림 2-25].

① 꽃다발의 손잡이를 먼저 포장해 둔 다음 사각형의 포장지 모서리가 손잡이에 오
　도록 붙인다.

② 사각형 포장지의 모서리를 계속 어긋나도록 잡아가면서 사방에 돌아가도록 붙인
　다. 이때 포장재 색이 다른 포장지를 이용하면 여러 가지 색감과 질감의 차이를
　연출할 수 있다.

③ 배열한 포장지가 골고루 펴지도록 손질하고 나서 리본을 묶어 완성한다.

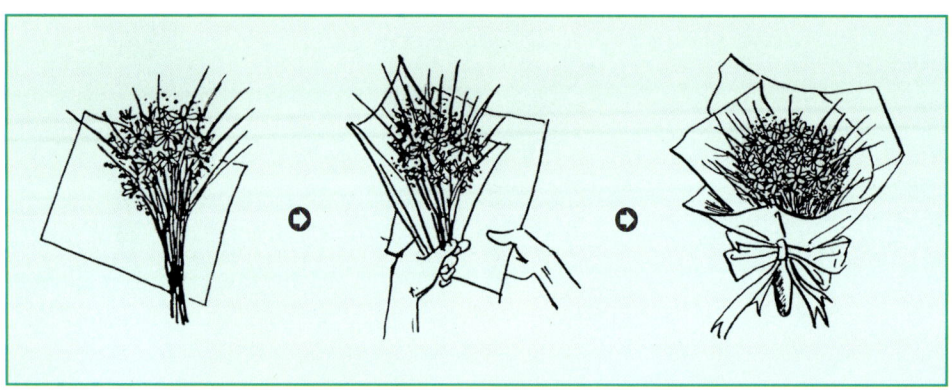

[그림 2-25] 사각형의 포장지를 붙여 포장하는 방법

● 꽃받침 모양의 마로 붙이기 포장

꽃다발에 꽃받침 모양의 마를 돌아가며 붙이는 포장법이다[그림 2-26].

① 물에 적신 티슈를 꽃다발 줄기 끝에 감싼 다음 알루미늄 호일로 감싼다.

② 마는 반으로 접은 다음 양쪽 끝을 모으면서 꽃잎 모양으로 만든다.

③ 꽃잎 모양으로 만든 마를 꽃다발에 돌아가면서 붙인다.

④ 꽃잎 모양의 마를 고르게 붙인 다음 철사로 묶고 리본을 붙여 완성한다.

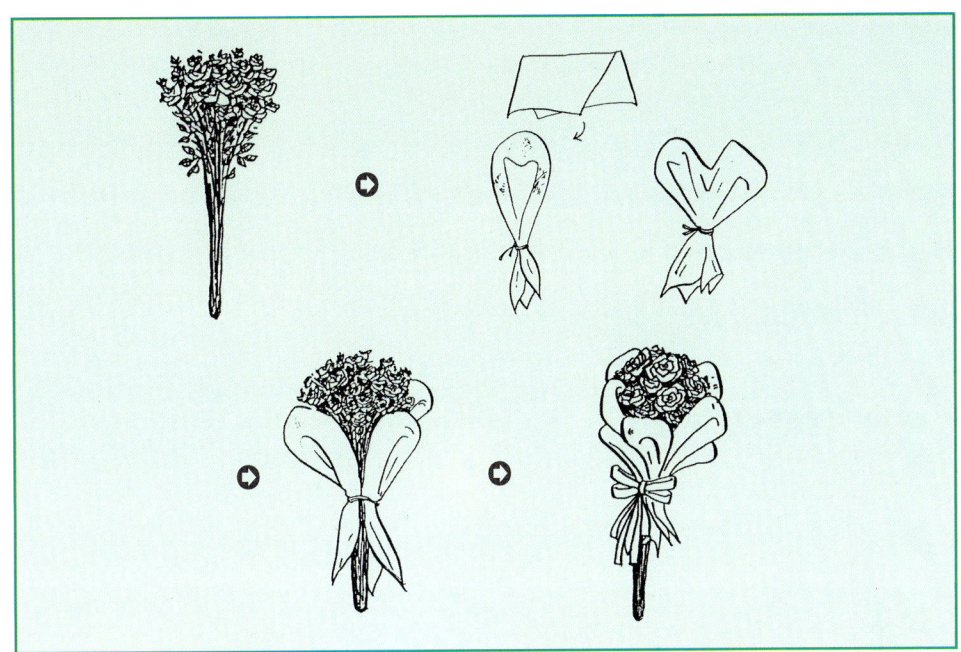

[그림 2-26] 꽃받침 형태로 접은 마를 붙여 포장하는 방법

● 하트형의 포장지로 붙이기 포장

꽃다발에 하트형으로 만든 포장지를 돌아가며 붙이는 방법이다[그림 2-27].

① 마를 말아 막대형으로 만든 다음 하트 모양으로 만든다. 꽃다발은 부직포로 손잡
　이를 포장한 다음 한 손으로 든다.

② 한 손으로는 하트형으로 만든 포장지를 돌아가면서 붙이고, 리본을 묶어 완성한다.

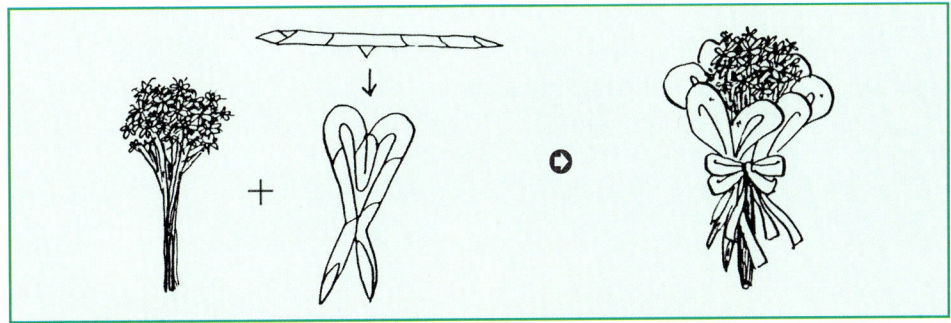

[그림 2-27] 하트 모양으로 만든 포장지를 붙여 포장하는 방법

받침형 포장

　골판지, 주름종이, 부채 등을 이용해 받침 모양을 만든 다음 그 위에 꽃다발을 올려놓아 포장하는 방법이다. 받침형 포장은 감싸 모으기 포장과 비슷하나 감싸 모으기 포장의 경우 포장지를 손잡이 부분에서 감싸 모아 포장하는 것에 비해 받침형 포장은 줄기를 감싸지 않고, 포장지만 모아 포장하는 방법이다.

● 직사각형의 받침 포장

　꽃다발이 길고 포장지가 조금 두꺼운 재질일 때 포장하기 좋은 방법으로 과정은 [그림 2-28]과 같다.

① 비교적 두꺼운 포장지를 직사각형으로 놓고 그 위에 꽃다발을 올려놓는다.

② 손잡이 부분의 포장지를 양쪽에서 안쪽으로 모은다.

③ 리본을 묶어 완성한다.

④ 그림 ③의 단순함을 커버하기 위해 주름을 만들어 접은 포장지를 손잡이 위에 올려놓고 리본을 묶어 완성한다.

⑤ 꽃의 배경이 되는 포장지가 힘이 없을 경우 다른 포장지를 뒤에 붙인다.

⑥ 배경지 위에 꽃을 올려놓아 완성했을 때는 단순함을 피하기 위해 무지(OPP)로 감아 포장한다.

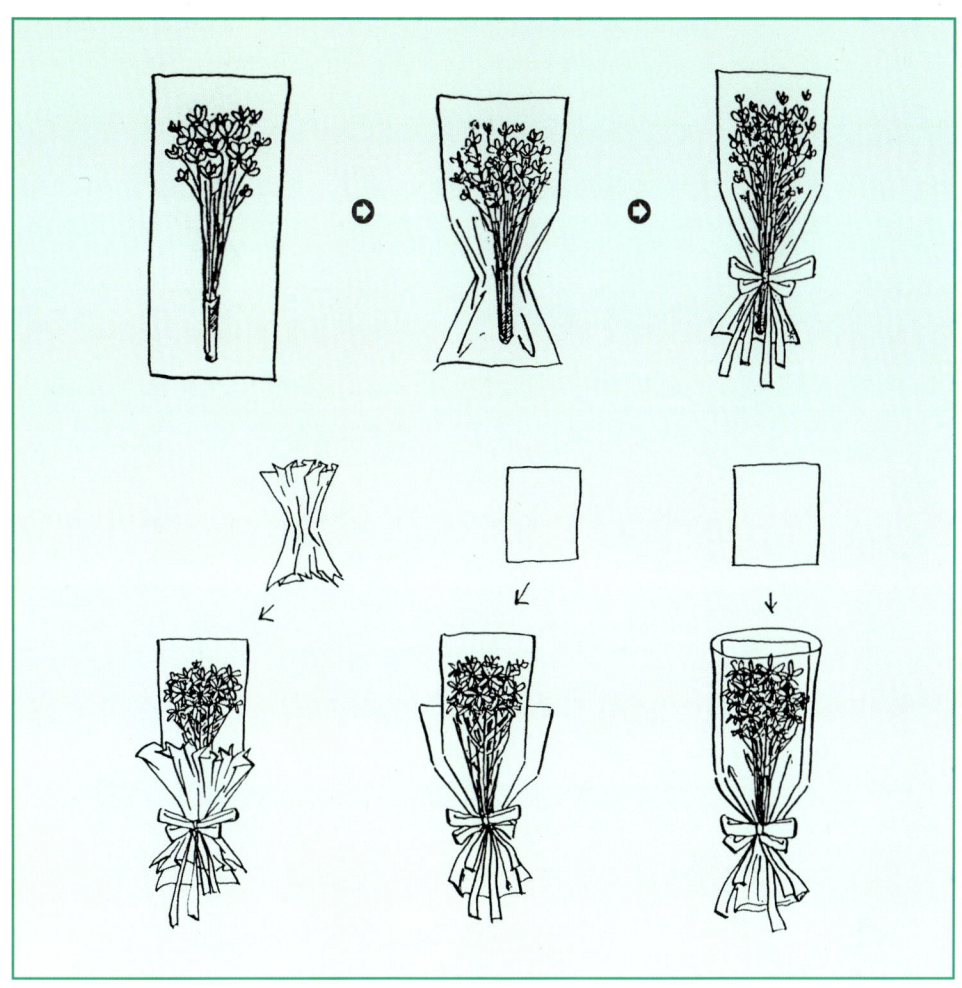

[그림 2-28] 직사각형의 포장지를 이용해 받침 포장을 하는 방법

○ 접어서 받침을 만든 받침 포장

지지력이 약한 포장지를 가지고 긴 모양의 꽃다발을 포장할 때 이용하기 좋은 방법
으로 과정은 [그림 2-29]와 같다.

① 포장지를 세로로 놓은 다음 반으로 내려 접는다.

② 접은 포장지 위에 꽃다발을 올려놓는다.

③ 손잡이 부분을 묶은 다음 리본을 붙여 완성한다.

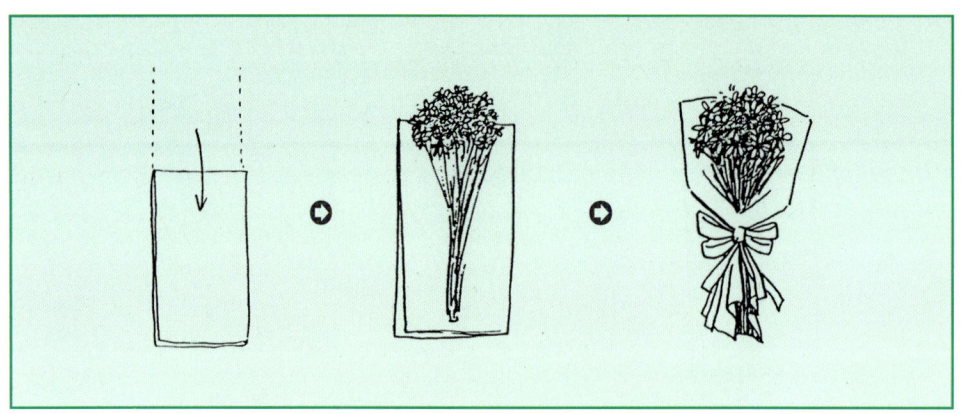

[그림 2-29] 포장지를 반으로 접은 다음 받침 포장하는 방법

● 부채형 받침 포장

꽃다발이 다소 짧으면서도 한 면에서 감상할 수 있게 제작된 꽃다발의 포장에 좋은
방법으로 과정은 [그림 2-30]과 같다. 포장지는 주름이 있는 폴리에스테르 부직포나
주름종이가 좋다.

① 주름이 있는 부직포나 주름종이를 놓고 그 위에 꽃다발을 놓는다.
② 포장지의 주름을 이용해 부채 모양을 만든 후 리본을 묶어 완성한다. 또는 주름
이 있는 포장지를 접어 손잡이 부분에 놓고 리본을 묶어 완성한다.

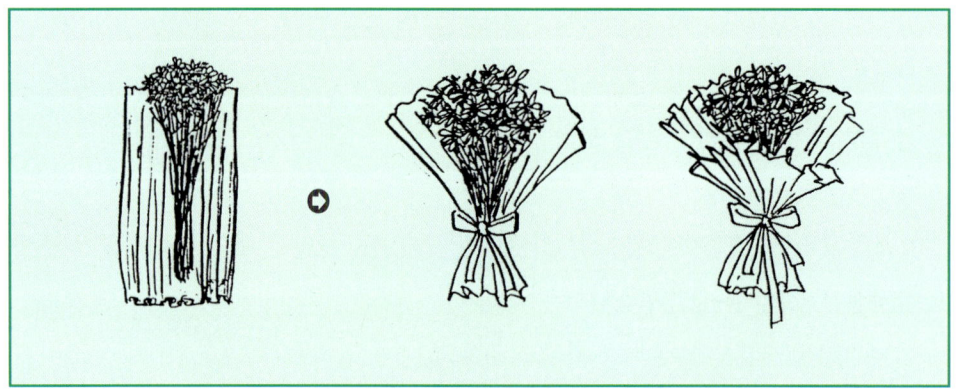

[그림 2-30] 포장지를 부채형으로 펼쳐 받침 포장하는 방법

[그림 2-31] 주름종이를 이용해 부채형 받침 포장
을 한 꽃다발

[그림 2-32] 폴리에스테르 부직
포 재질로 된 포장지를 이용해
부채형 받침 포장을 한 꽃다발

○ 이등변 삼각형 받침 포장

꽃다발을 칼 모양으로 포장하고자 할 때 좋은 방법이다. 대부분의 포장지는 이등변 삼각형 받침 포장을 하면 지지력이 약해 처지므로 OPP로 감싸는 등 대책이 필요하다. 포장 방법은 [그림 2-33]과 같다.

① 포장지를 이등변 삼각형이 되도록 접는다.

② 포장지 위에 꽃다발을 올려놓는다.

③ 포장지를 손잡이 부분에 모아 묶고 리본을 붙인다.

④ OPP를 놓고 그 위에 꽃다발을 뒤집어 놓는다.

⑤ OPP로 꽃다발을 감싼 후 스카치테이프로 고정시킨다.

⑥ 꽃다발을 뒤집은 후 손잡이 부분에서 OPP를 감싼다. 모양을 살펴가며 묶은 후 완성한다.

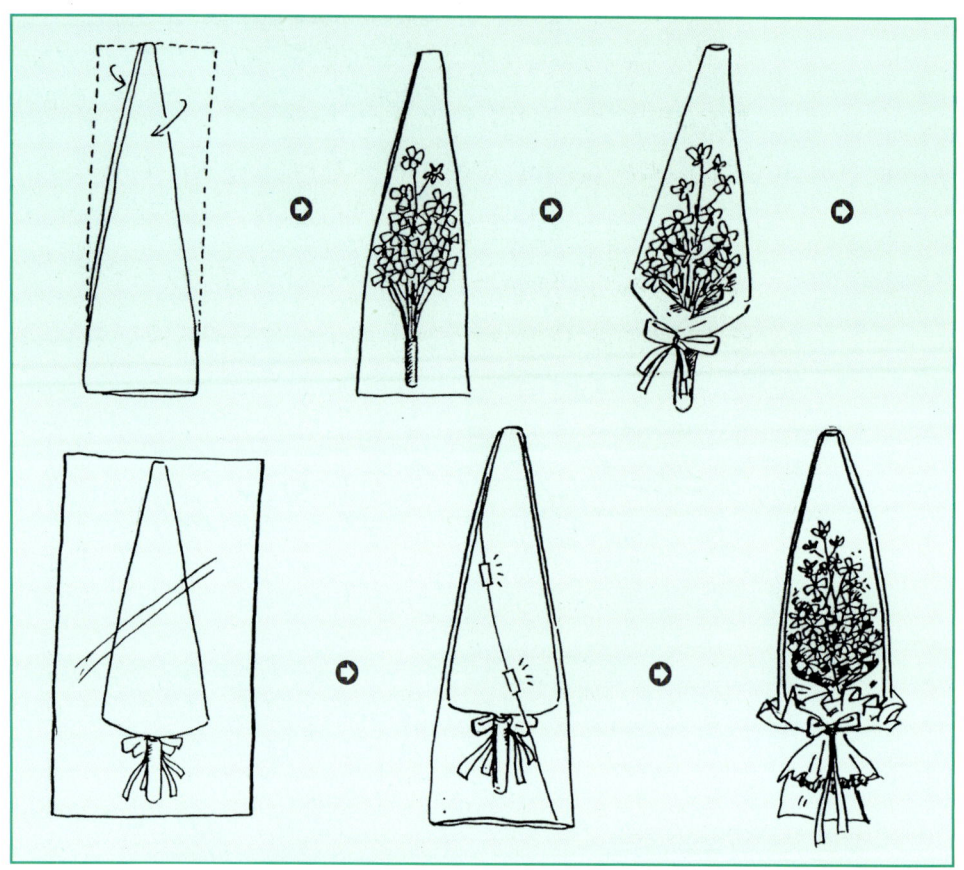

[그림 2-33] 포장지를 이등변 삼각형으로 만든 다음 받침형으로 포장하는 방법

[그림 2-34] 이등변 삼각형으로 받침 포장을 한 꽃다발

감싸 모으기 포장

부직포와 같은 재질의 포장지는 한 장만 이용해서 포장할 경우 지지력이 약해 처지는 경우가 있다. 이때는 포장지를 한 겹 접거나 양쪽에서 안쪽으로 끌어당겨 주면 지지력이 강해지는 특성이 있다. 감싸 모으기 포장은 이러한 특성을 적용한 포장법으로 포장지를 펼친 다음 손잡이 쪽의 포장지 양쪽 끝부분을 손잡이에 모아 감싸듯이 포장하는 방법이다.

● 감싸 모으기 포장

포장지 아랫부분의 양쪽 모서리를 안쪽으로 감싸 모으는 포장법이다[그림 2-35].

① 포장지 위에 꽃다발을 올려놓는다.

② 포장지 양 모서리를 감싸 모은다. 리본을 묶어 완성하거나 배경지보다 작은 포장지를 손잡이 부분에 한 바퀴 돌려 포장한다.

③ 손잡이 부분에서 포장지가 당겨지듯이 힘을 주어 묶고 리본을 붙여 완성한다.

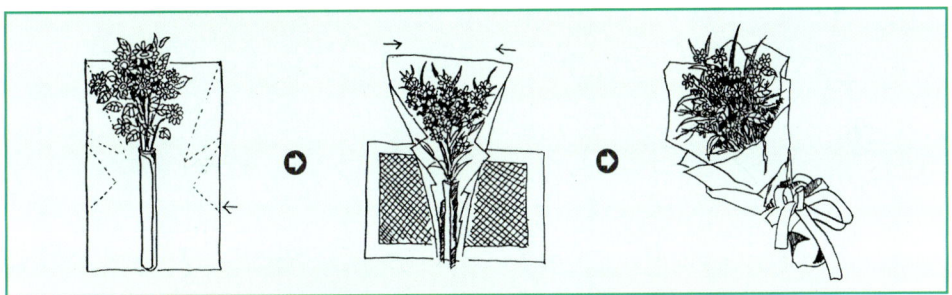

[그림 2-35] 포장지 양쪽 모서리를 감싸 모아 꽃다발을 포장하는 방법

장미 꽃다발　　　　　카네이션 꽃다발

[그림 2-36] 꽃다발의 손잡이 부분에서 포장지를 감싸 모아 포장한 꽃다발

● 감싸 모은 후 주름 주기 포장

마름모꼴의 포장지에 꽃다발을 놓은 다음 포장지 좌우에 주름을 주면서 감사 모으는 포장법이다[그림 2-37].

① 포장지 위에 꽃다발을 올려놓는다.
② 포장지의 양쪽 모서리를 감싸 모으고 리본을 묶어 완성한다. 또는 주름을 주어 접은 포장지를 손잡이 위에 덮듯이 놓아 포장하고 리본을 묶어 완성한다.

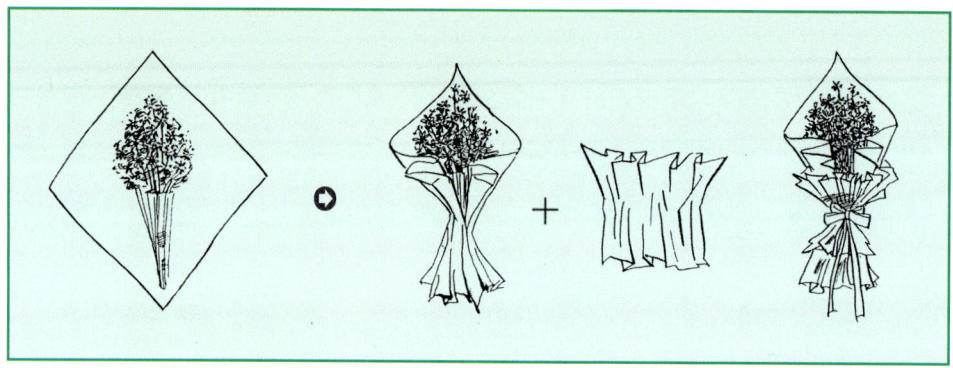

[그림 2-37] 포장지 양쪽 모서리를 감싸 모은 후 주름을 주면서 포장하는 방법

● 감싸 모은 후 접기 포장

포장지를 감싸 모은 후 포장지 양끝을 접어 변화를 주는 포장법이다[그림 2-38].

① 포장지 위에 꽃다발을 그림과 같이 올려놓는다.
② 포장지의 양쪽 모서리를 감싸 모은 후 끝부분을 접는다.
③ 감싸 모은 포장지 양끝을 접은 후 호치키스로 고정하고 손잡이를 포장지로 감싼 다음 리본을 묶어 완성한다.

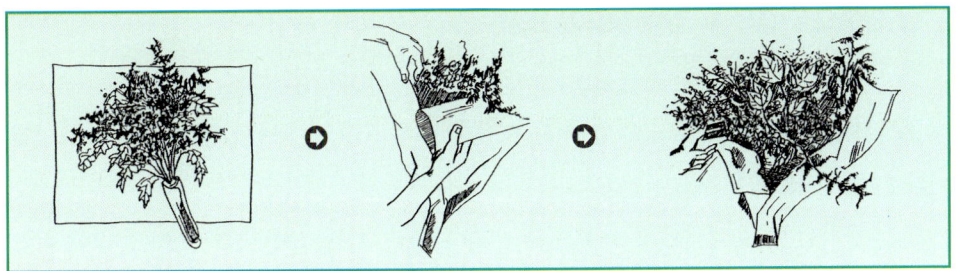

[그림 2-38] 포장지를 감싸 모은 후 포장지 양끝을 접어 포장하는 방법

● 안쪽으로 또는 바깥쪽으로 접은 후 감싸 모으기 포장

포장지 좌, 우측을 안쪽 또는 바깥쪽으로 접은 후 포장하는 방법이다[그림 2-39].

① 포장지를 마름모꼴로 놓은 다음 좌, 우측 모서리를 안쪽 또는 바깥쪽으로 접고 그 위에 꽃다발을 올려놓는다.

② 포장지의 아래쪽 좌우의 모서리 끝을 손잡이에 감싸 모은다.

③ 날개를 3개 정도 만들어 손잡이 위쪽 부분에 붙이고 리본을 묶어 완성한다.

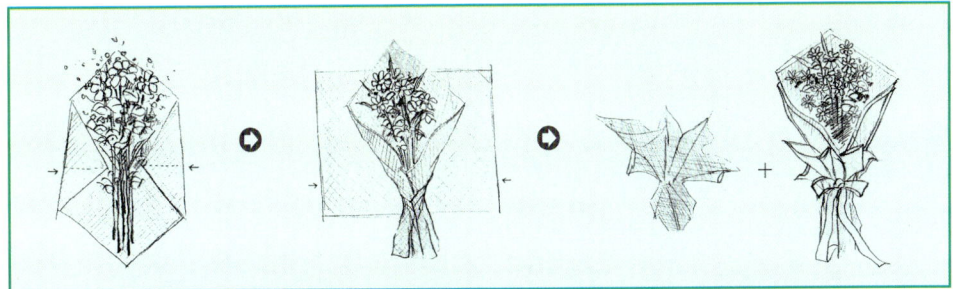

[그림 2-39] 포장지의 좌, 우측 모서리를 접은 후 감싸 포장하는 방법

[그림 2-40] 포장지의 좌, 우측 모서리를 접은 후 감싸 모으기로 포장한 꽃다발

● 안쪽으로 접은 후 감싸 모으기 포장

포장지 좌, 우측을 안쪽으로 접은 후 아래쪽 포장지를 좌우에서 감싸 모으는 포장법
이다[그림 2-41].

① 포장지의 양쪽 모서리를 안쪽으로 접는다. 접은 다음 접힌 부분이 안 움직이게 호
  치키스로 고정하는 것이 좋다.
② 꽃다발을 포장지 위에 올려놓는다.
③ 포장지의 아래쪽 모서리를 끌어당겨 꽃다발을 감싼다.
④ 리본을 묶어 완성한다.
⑤ 입체감을 주려면 손잡이 부분에 주름을 주어 접은 포장지를 붙이고 리본을 묶어
  완성한다.

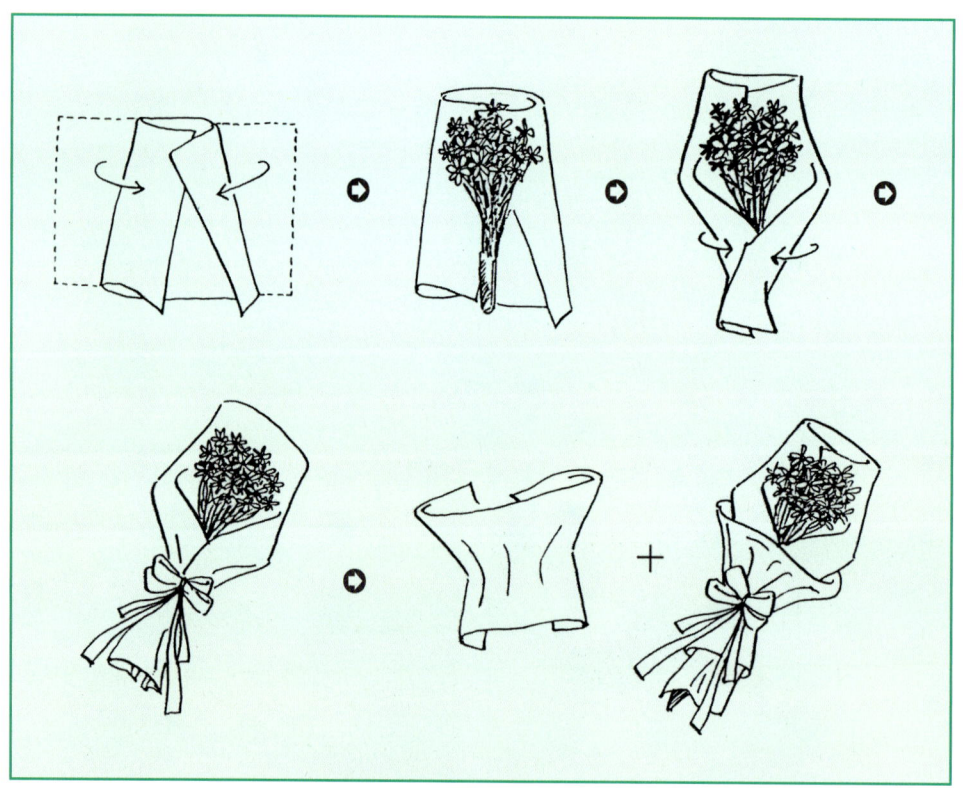

[그림 2-41] 포장지의 좌, 우측을 안쪽으로 접은 후 감싸 모으기로 포장하는 방법

● 이중 및 삼중으로 감싸 모으기 포장

포장지로 꽃다발을 이중 및 삼중으로 감싸 모으는 포장법이다[그림 2-42].

① 좌, 우측 끝을 안쪽으로 접어놓은 포장지로 꽃다발을 감싸 모은다.

② 접어놓은 포장지 아래에 또 한 장의 포장지를 층이 되도록 접어놓거나 감싸놓은 꽃다발에 포장지 1장을 추가해 감싸 모은다.

③ 꽃다발이 클 경우 포장지 1장을 배경지로 첨가하여 감싸 모아 묶고 리본을 붙여 완성한다.

④ 손잡이 부분에도 입체감을 줌과 동시에 균형감을 살리고자 할 때는 내려 접어 주름을 준 포장지를 붙인다.

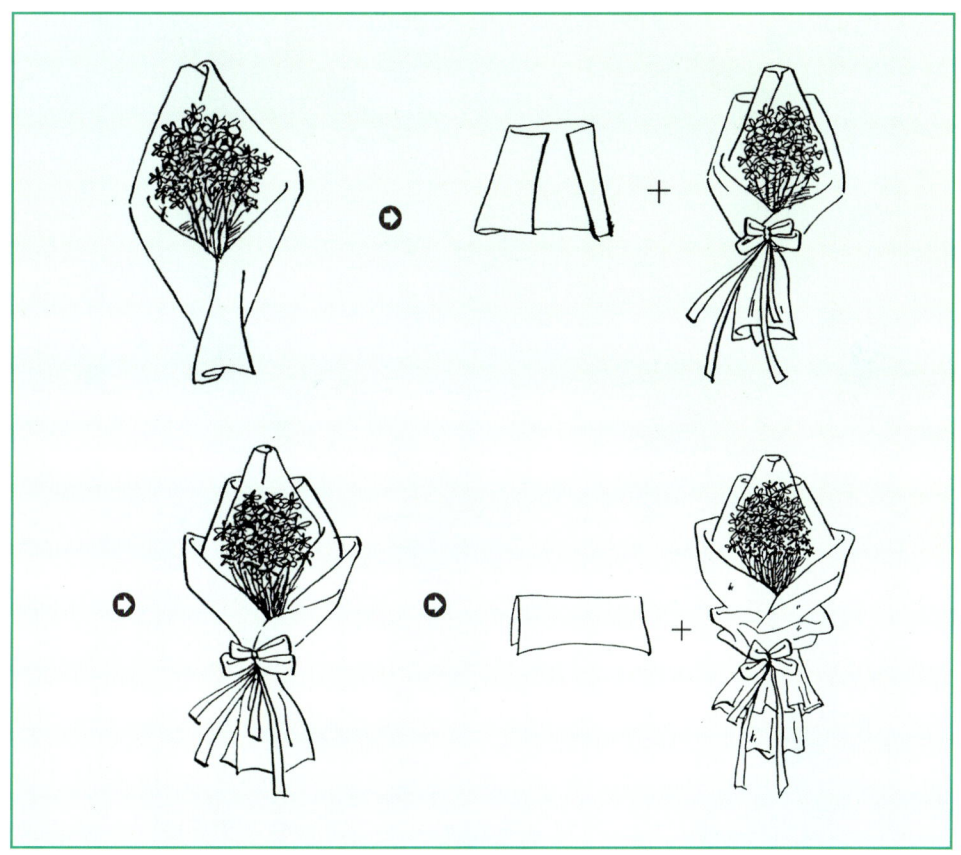

[그림 2-42] 포장지의 좌, 우측을 안쪽으로 접은 2장의 포장지로 감싸 모아 포장하는 방법

● 삼중으로 감싸 모으기 포장

포장지로 꽃다발을 삼중으로 감싸 모으는 포장법이다[그림 2-43].

① 좌, 우측 끝을 안쪽으로 접어놓은 포장지로 꽃다발을 감싸 모은다.

② ①의 포장지보다 약간 크게 접은 포장지를 이용해 이중으로 감싸 모은 후 손잡이 윗부분에 날개를 붙인다. 그리고 다시 양끝을 접은 마 위에 올려놓는다.

③ 마의 아래쪽 양끝을 감싸 모은 후 손잡이에 고정한다.

④ 리본을 붙여 완성한다.

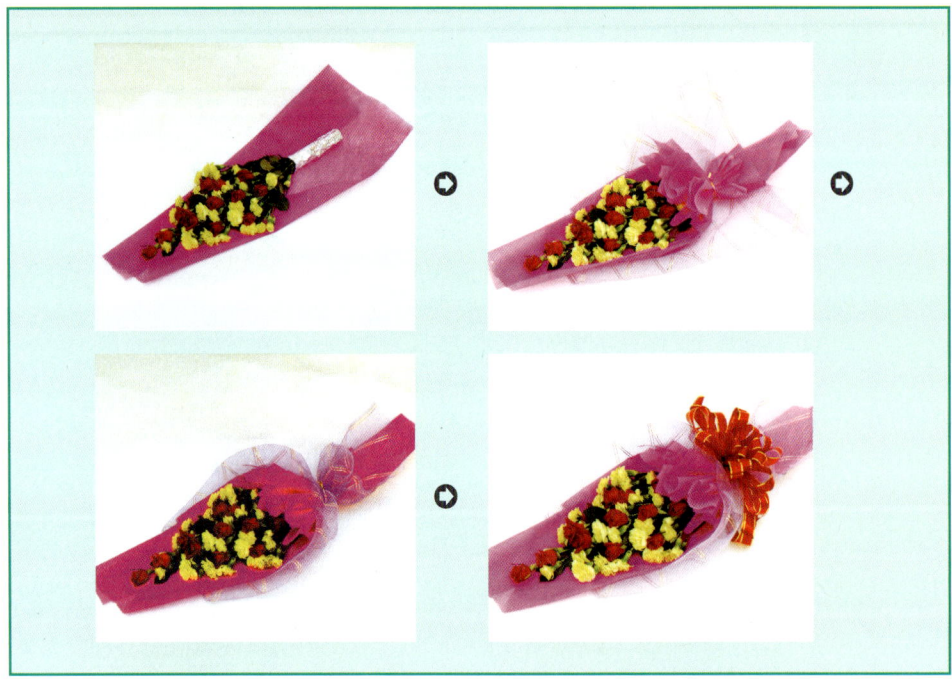

[그림 2-43] 포장지의 좌, 우측을 안쪽으로 접은 3장의 포장지로 감싸 모아 포장하는 방법

외 기둥형 포장

사각형의 포장지를 바닥에 깔아놓은 후 왼쪽 혹은 오른쪽을 말아 기둥 모양을 만든 다음 그 위에 꽃다발을 놓고 감싸 포장을 하는 방법이다. 부직포와 같이 얇은 포장지를

1장만 이용해 받침형으로 포장하면 지지력이 약해 포장지가 뒤로 처지지만 외 기둥 모양으로 만들어 포장하게 되면 처지는 것을 막을 수 있다.

● 감은 외 기둥형 포장

포장지 좌측을 기둥형으로 말아놓은 다음 반대쪽의 포장지를 감는 포장법이다[그림 2-44].

① 포장지의 왼쪽 부분을 말아 기둥 모양을 만든다.

② 포장지의 오른쪽 부분을 뒤로 접는다.

③ 포장지 위에 꽃다발을 올려놓는다.

④ 포장지로 꽃다발의 손잡이를 감듯이 한 바퀴 돌린다.

⑤ 리본을 붙이고 전체적으로 손질을 한 다음 완성한다.

⑥ 입체감을 주려면 주름을 주어 접은 포장지를 손잡이에 붙이고 리본을 묶어 완성한다.

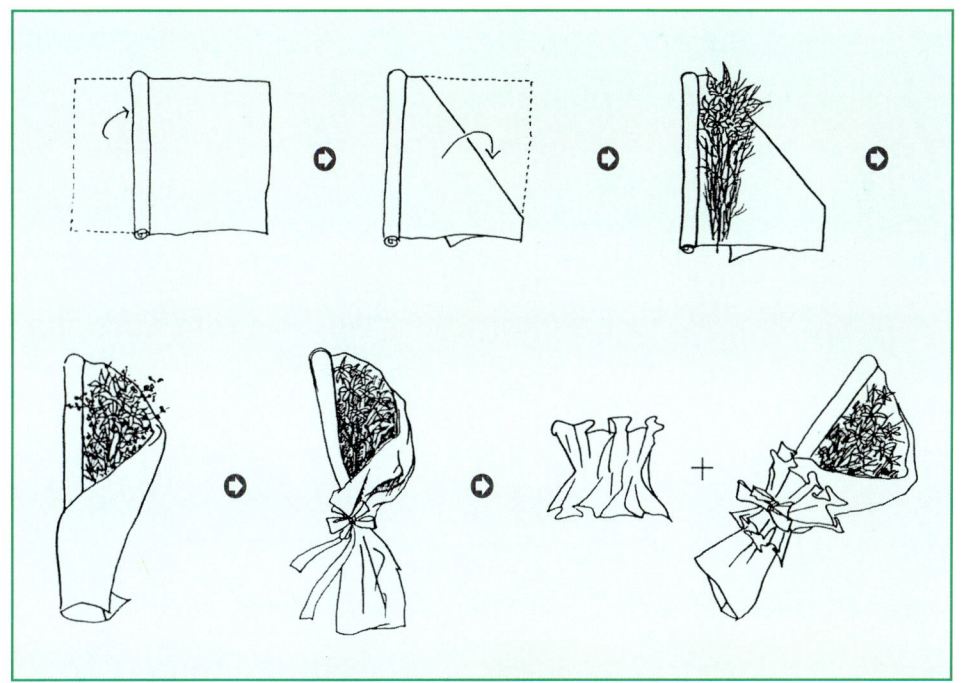

[그림 2-44] 감은 외 기둥형 포장 방법

● 감싸 모은 외 기둥형 포장

포장지의 좌측 혹은 우측을 기둥형으로 말아놓은 다음 반대쪽의 포장지로 감싸 모으는 포장법이다[그림 2-45].

① 포장지 왼쪽은 말아 기둥을 만든 다음 여백의 포장지 위에 꽃다발을 올려놓는다.

② 포장지의 오른쪽 아래 모서리를 안쪽으로 접어 손잡이 윗부분을 덮는다.

③ 손잡이 부분의 포장지를 조여 묶고 리본을 달아 완성한다.

④ 입체감을 살리려면 주름을 주어 접은 포장지를 붙이고 리본을 묶어 완성한다.

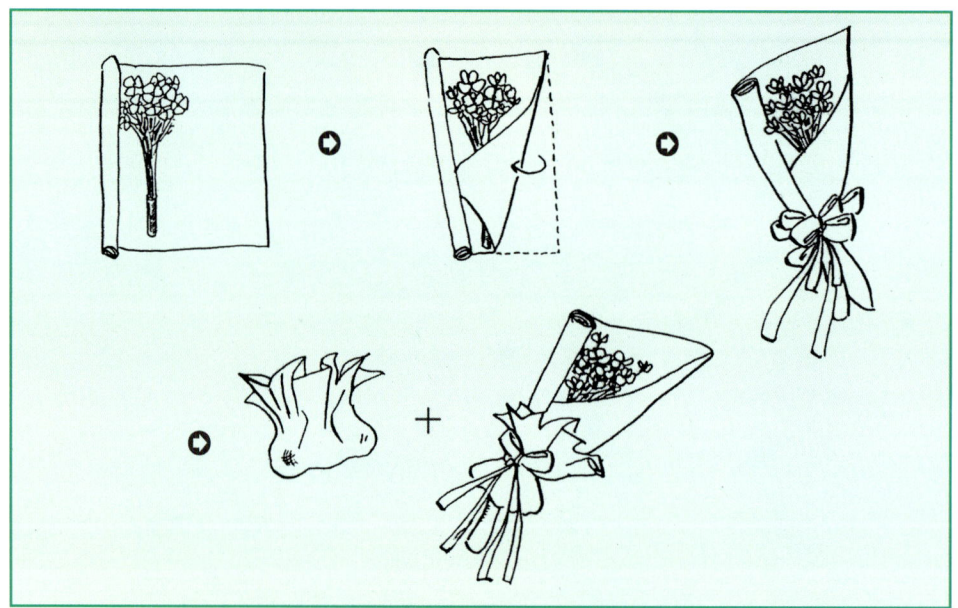

[그림 2-45] 감싸 모은 외 기둥형 포장 방법

양 기둥형 포장

사각 포장지를 바닥에 깔아놓은 다음 세로 측을 말아서 양쪽에 기둥 형태를 만든 다음 그 사이에 꽃다발을 놓고 손잡이 부분을 묶는 포장법이다. 꽃다발은 긴 모양인데 비해 포장지는 얇아 포장지가 처지기 쉬울 경우에 하기 좋은 포장법이다.

● 양 기둥형 포장 기본형 1

포장지 좌, 우측을 기둥 모양이 되도록 말아 포장하는 방법이다[그림 2-46].

① 포장지의 좌, 우측에서 말아 2개의 기둥 모양으로 만든다. 이때 말아놓은 기둥이
   풀리지 않도록 호치키스로 고정해 놓는다.

② 꽃다발을 포장지 위에 올려놓는다.

③ 리본을 묶어 완성한다. 이때 주름이 예쁘게 만들어지도록 전체적으로 모양을 다
   듬는다.

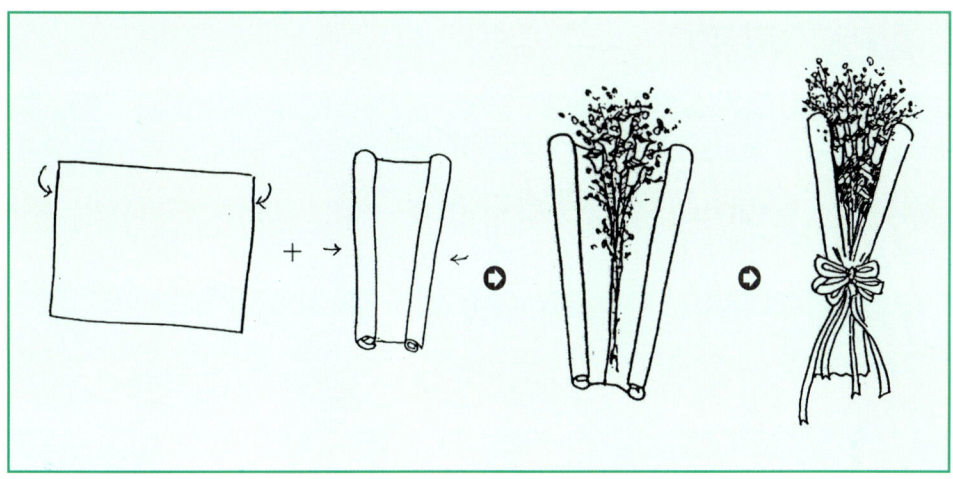

[그림 2-46] 양 기둥형 포장 방법

● 양 기둥형 포장 기본형 2

포장지를 마름모꼴로 놓은 다음 좌, 우측을 말아 기둥 모양이 되도록 포장하는 방법
이다[그림 2-47].

① 마름모꼴 포장지를 양쪽에서 말아 그림과 같이 만든다.

② 꽃다발을 기둥 사이에 올려놓고 허리를 조인 다음 리본을 묶어 완성한다.

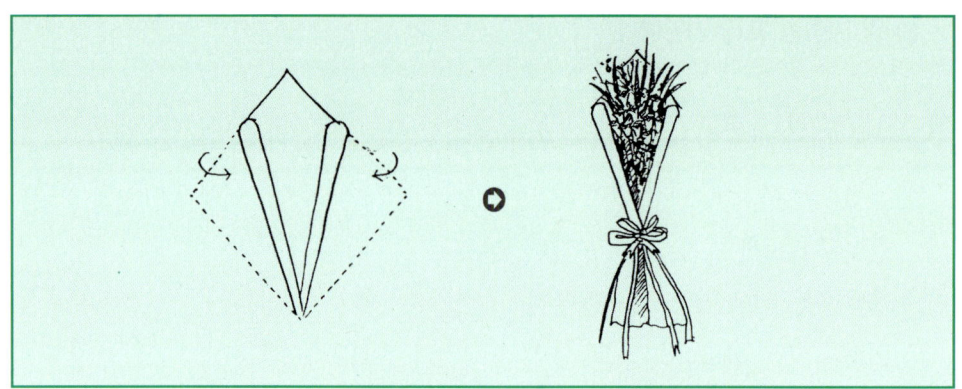

[그림 2-47] 마름모꼴 포장지를 이용한 양 기둥형 포장 방법

● 겹 양 기둥형 포장

포장지 좌, 우측을 말아놓은 포장지 2장으로 포장하는 방법이다[그림 2-48].

① 양 기둥으로 접은 포장지로 꽃다발을 감싸 모은다.

② ①에다가 양 기둥형으로 접을 포장지를 높이게 다르게 하여 감싸 모은다.

③ 주름을 주어 조이거나 날개를 만든 포장지로 손잡이 윗부분에 볼륨을 준다.

④ 리본을 붙이고 모양을 다듬은 후 완성한다.

[그림 2-48] 겹 양 기둥형 포장 방법

● 접어 올린 양 기둥형 포장

포장지 좌, 우측을 안쪽으로 말고 나서 아래쪽 부분을 위쪽으로 접어 올려 포장하는 방법이다[그림 2-49].
① 포장지의 양쪽을 말아 기둥 모양으로 만든 다음 꽃다발을 올려놓는다.
② 꽃다발 손잡이 끝부분에 있는 여분의 포장지를 위쪽으로 접어 올린다.
③ 손잡이 부분에서 포장지를 모아 묶고 리본을 붙인다. 전체적으로 모양을 다듬어 가며 완성한다.

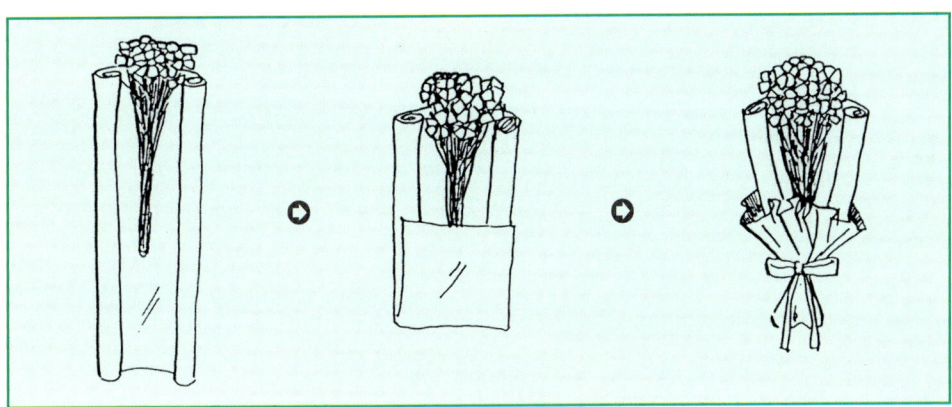

[그림 2-49] 접어 올린 양 기둥형 포장 방법

● 뒤쪽으로 감은 양 기둥형 포장

포장지 좌, 우측 끝을 위쪽으로 말아서 포장하는 방법이다[그림 2-50].
① 포장지를 사각형으로 자른 후 양쪽을 말아 양 기둥형으로 만든 다음 뒤집어 놓는다.
② 양 기둥 사이에 꽃다발을 놓는다.
③ 손잡이 바로 윗부분에 포장지를 모아 묶는다.
④ 포장을 보다 견고하고 입체적으로 만들 때는 배경지 아래에 보조 포장지를 감싼다.
⑤ 보조 포장지를 감싼 다음 리본을 붙여 완성한다.

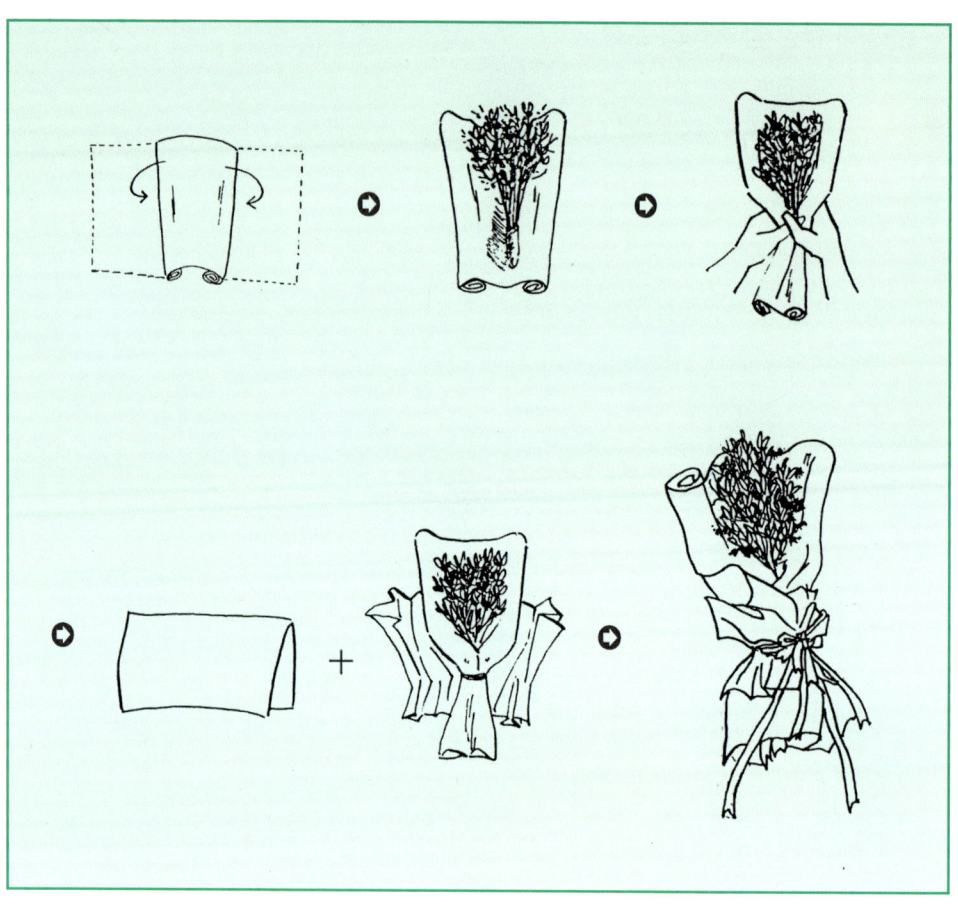

[그림 2-50] 뒤쪽으로 감은 양 기둥형 포장 방법

● 배경지를 첨가한 양 기둥형 포장

꽃다발을 배경지 위에 놓은 다음 양 기둥형으로 포장하는 방법이다[그림 2-51].

① 포장지 1장은 양끝을 안쪽으로 향하게 접어 배경지로 활용한다. 또 1장은 양쪽에 서 말아 양 기둥형으로 만든다.

② 배경지를 양 기둥 사이에 올려놓는다.

③ 포장지에 꽃다발을 올려놓는다.

④ 꽃다발의 허리가 되는 부분의 포장지를 안쪽으로 모은 후 철사로 묶는다.

⑤ 리본을 붙여 완성한다.

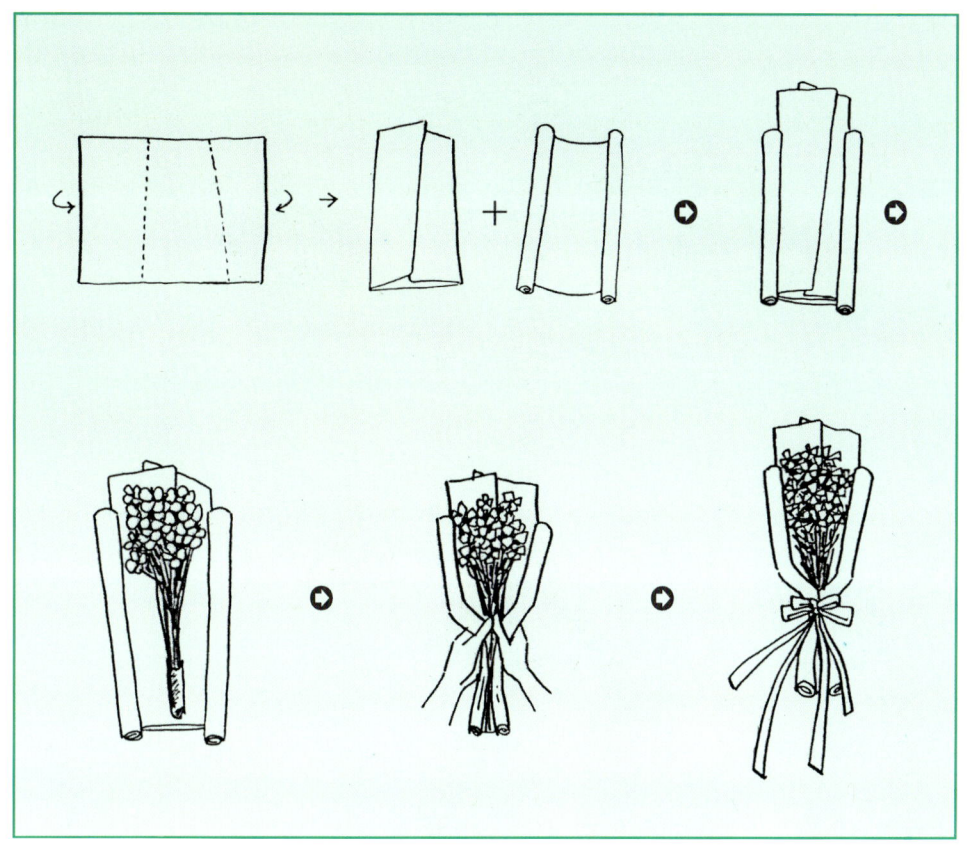

[그림 2-51] 배경지를 첨가한 양 기둥형 포장 방법

○ 이중 배경지를 첨가한 양 기둥형 포장

크기가 다른 배경지 2장 위에 꽃다발을 놓은 후 양 기둥형으로 포장하는 방법이다[그림 2-52].

① 포장지 양끝을 안쪽으로 향하게 접은 것 2개를 높이와 크기를 다르게 한 후 꽃다발을 감싸 모은다.

② 양 기둥형으로 접은 포장지로 감싸 모은 꽃다발을 다시 감싼다.

③ 꽃다발의 손잡이 부분에 주름을 준 포장지로 볼륨을 주고 리본을 붙여 완성한다.

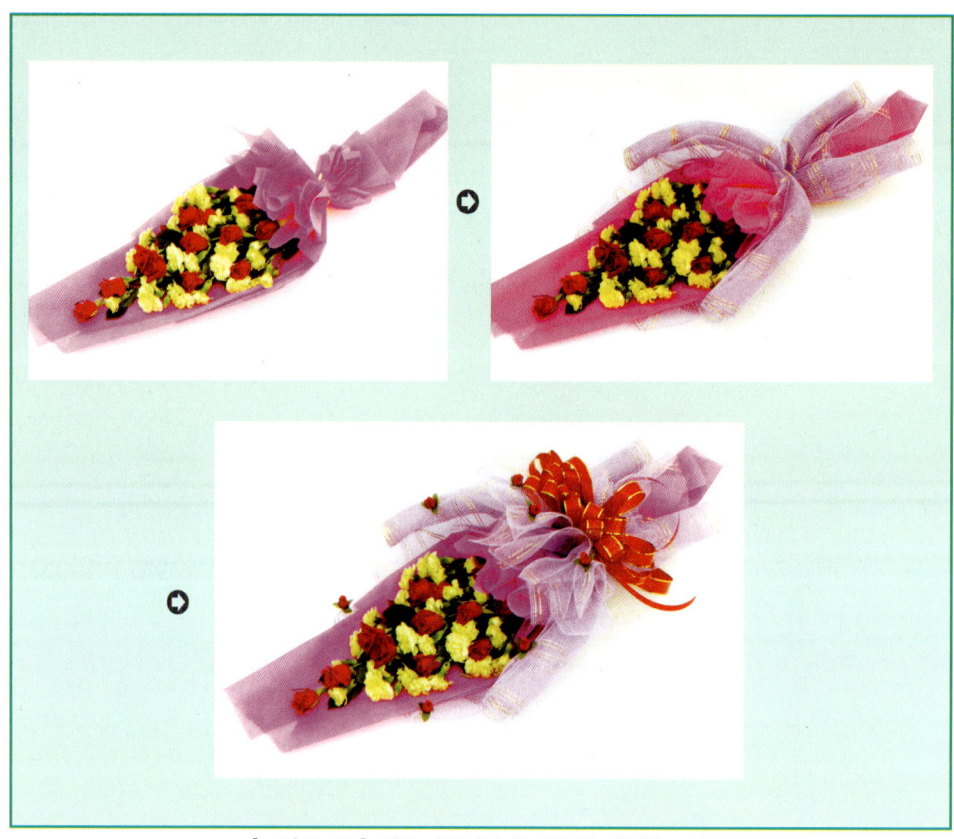

[그림 2-52] 이중 배경지를 첨가한 양 기둥형 포장

● 양 기둥 응용형 포장

양 기둥형으로 포장한 다음 붙이기 포장 등을 하여 변화를 주는 방법이다[그림 2-53].

① 기본형으로 포장을 한다.

② 날개를 3장 붙이고 리본을 묶어 완성한다.

③ 주름을 주어 조인 포장지를 허리 부분에 붙여 완성한 꽃다발

④ 반으로 올려 접은 다음 주름을 준 포장지로 허리에 붙여 입체감을 살리고 리본을 묶어 완성한 꽃다발

⑤ 반으로 내려 접은 다음 주름을 주어 조인 포장지를 허리에 붙여 완성한 꽃다발

[그림 2-53] 양 기둥 응용형 포장 방법

롤 포장

투명한 무지나 반투명한 마로 꽃다발을 한 바퀴 감아 포장하는 것으로 감기(말기) 포장과 비슷하나 감기 포장은 포장지로 줄기 부분을 감는 데 비해 롤 포장은 꽃까지도 감아 포장하므로 꽃은 롤 속에 위치하게 된다. 포장 방법은 비교적 쉽지만 포장지로 롤을 만든 다음 묶을 때 힘을 고르게 주어 조이지 않으면 롤 모양이 제대로 나오지 않는다.

● OPP 롤 포장

꽃의 줄기까지 노출시켜 자연미를 강조하고자 할 때 이용하기 좋은 포장 방법으로 과정은 [그림 2-55]와 같다.

① 펼친 포장지 위에 꽃다발을 올려놓는다.

② 포장지 양끝을 모아 롤이 되도록 한 다음 스카치테이프로 고정한다.

③ 허리 부분에 포장지를 감은 다음 조여 묶고 리본을 붙여 완성한다.

④ 롤을 만들어 묶은 다음 아래로 접어 주름을 준 포장지를 허리 부분에 감아 포장하고 리본을 붙여 완성한 꽃다발

⑤ 롤 포장의 아래 부분을 포장지로 감싸 모은 다음 리본을 붙여 완성한 꽃다발

⑥ 양 기둥형 포장이 롤 포장을 감싸듯이 포장한 다음 리본을 붙여 완성한 꽃다발

[그림 2-54] OPP로 롤 포장을 한 다음 양 기둥형으로 만든 부직포로 포장을 한 꽃다발

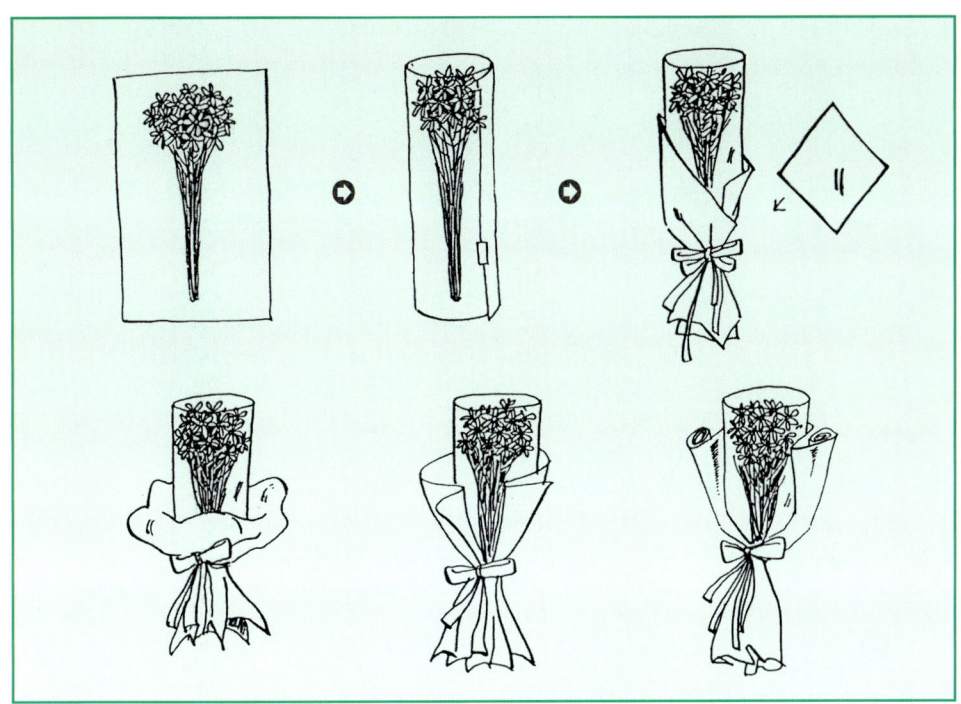

[그림 2-55] OPP를 이용한 롤 포장 방법

○ 마 롤 포장

마의 반투명성을 이용해 꽃의 은은한 아름다움을 강조하고자 하는 꽃 포장에 이용하기 좋은 포장법으로 과정은 [그림 2-56]과 같다.

① 꽃다발을 만든 후 줄기 끝에 물에 적신 티슈를 붙이고 호일로 감싼 다음 부직포로 포장한다.

② 꽃다발을 중심으로 해서 마를 원통형이 되도록 만든 후 호치키스로 고정한다.

③ 허리 부분을 조여 묶고 리본을 붙여 완성한다.

④ 반으로 접어 주름을 준 포장지로 롤의 허리 부분을 감아 고정한 다음 리본을 묶어 완성한 꽃다발

⑤ 꽃다발 허리 부분에 주름을 주어 조인 포장지를 감아 포장한 다음 리본을 묶어 완성한 꽃다발

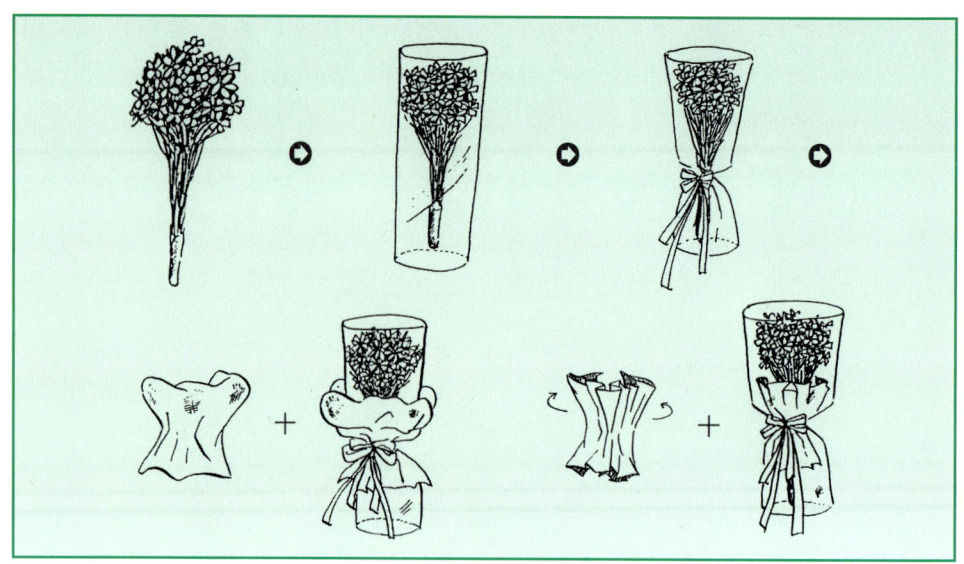

[그림 2-56] 마를 이용한 롤 포장 방법

양끝 묶음 포장(배 포장)

꽃을 배열한 길이가 짧은 경우는 어떤 포장 방법을 사용해도 쉽게 포장할 수 있다. 그러나 100송이 장미 등 꽃을 길게 배열한 꽃다발에서는 꽃을 노출되게 포장하려면 배경이 되는 포장지가 뒤로 처지는 문제점이 발생한다. 양끝 묶음 포장법은 이러한 결점을 막기 위한 방법으로 손잡이와 꽃다발 머리 부분 양쪽 포장지를 묶는 소위 배 모양의 포장을 하는 방법이다.

● 양끝 묶음 포장 1

포장지를 꽃다발 길이보다 길게 놓은 다음 상하 부분을 묶어 포장하는 방법이다[그림 2-57].
①포장지를 그림과 같이 접는다. 이때 포장지의 모서리 부분이 삐죽 나오면 안쪽으로 접는다.

② 꽃다발을 올려놓는다. 꽃다발을 포장지에 묶을 수 있도록 제작과정에서 난 지주나 장미 줄기 등이 꽃다발 끝쪽에서 나오도록 만들어 두어야 한다.

③ 위쪽 끝부분의 포장지를 꽃다발 끝에 있는 줄기나 난 지주에 감싸 묶는다. 손잡이 윗부분도 포장지의 양쪽 끝을 안쪽으로 감싸듯이 모은 후 철사로 고정한다. 전체적으로 배 모양이 되도록 한다.

④ 배 모양의 포장은 자칫 단순해지기 쉬우므로 배 모양의 포장 아래에 포장지를 안쪽으로 접어 넣은 다음 손잡이 부분에서 감싸 모으듯이 잡아 당겨서 조여 묶고 리본을 붙여 완성한 꽃다발

⑤ 배 모양으로 포장을 한 후 주름을 주어 조인 포장지를 허리 부분에 붙여 볼륨을 살리고 리본을 붙여 완성한 꽃다발

⑥ 배 모양의 포장 배경에 양 기둥형 포장을 추가하고 허리 부분에도 날개를 붙인 후 리본을 붙여 완성한 꽃다발

⑦ 배경 포장지의 양끝을 말아서 포장한 후 리본을 붙여 완성한 꽃다발

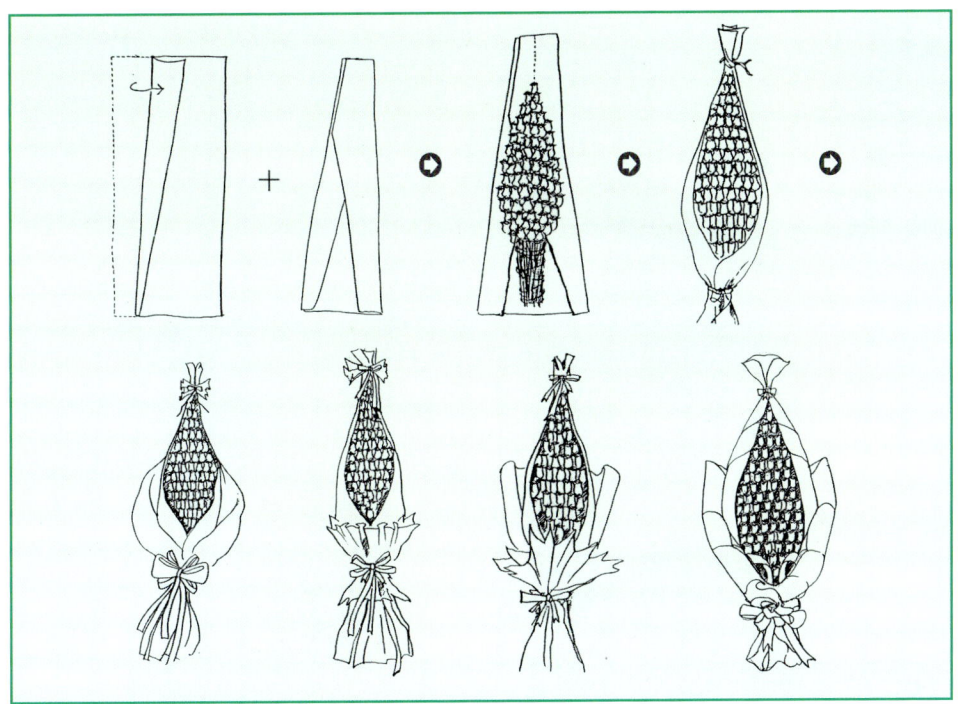

[그림 2-57] 양끝 묶음 포장의 여러 가지 방법

● 양끝 묶음 포장 2

포장지의 상하 부분을 묶어 포장하는 방법이다[그림 2-58].

① 꽃다발의 손잡이 반대쪽에서도 포장지를 묶을 수 있도록 굵은 철사나 장미 줄기
   등을 그림과 같이 나오게 한다.

② 꽃다발을 만든다.

③ 포장지 위에 꽃다발을 놓는다.

④ 포장지의 양끝을 묶어 배 모양으로 포장을 한다.

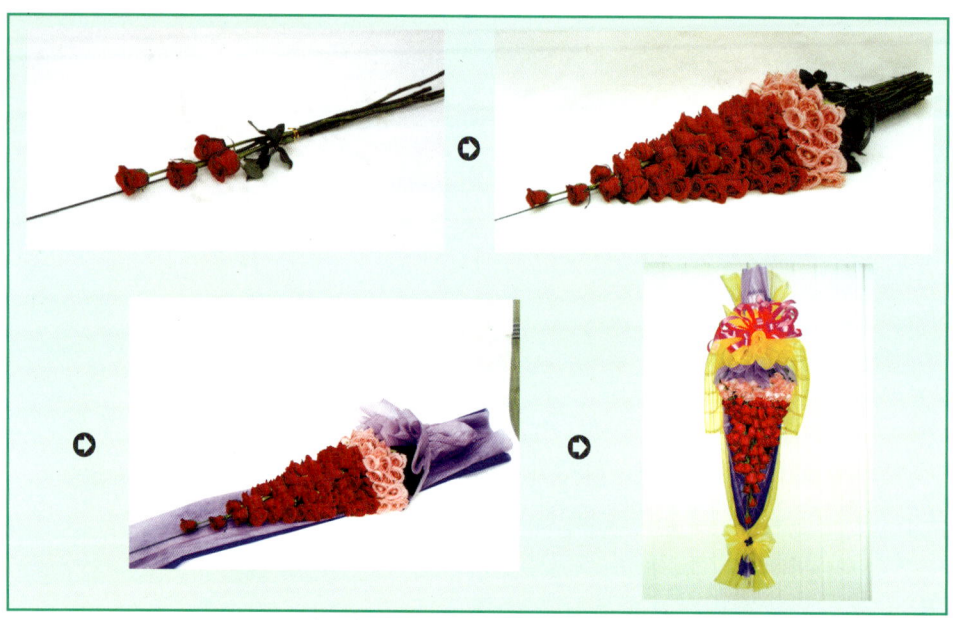

[그림 2-58] 양끝 묶음 포장 방법

[그림 2-59] 포장지의 양끝을 묶어 배처럼 포장한 장미 100송이 꽃다발

[그림 2-60] 포장지의 상하 끝을 묶고, 좌우는 말아서 포장한 장미 100송이 꽃다발

84

형상 포장

꽃 포장을 통해 꽃다발을 하트형, 성화형, 입술형 등 여러 가지 모양을 연출해 내는 포장법이다.

○ 입술형 포장

포장지로 입술 모양이 되도록 포장하는 방법이다[그림 2-61].

① 마를 사각형으로 자르면 안으로 말리는 성질이 있어 조금만 손질하면 자연스럽게 말린다.

② 포장지 중앙에 가위질을 해서 구멍을 만든 후 꽃다발을 넣는다.

③ 포장지의 양쪽을 호치키스로 고정시켜 입술 모양이 되게 한다.

④ 주름을 주어 조인 포장지를 입술 모양 아래에 감아 붙이고 리본을 묶어 완성한다.

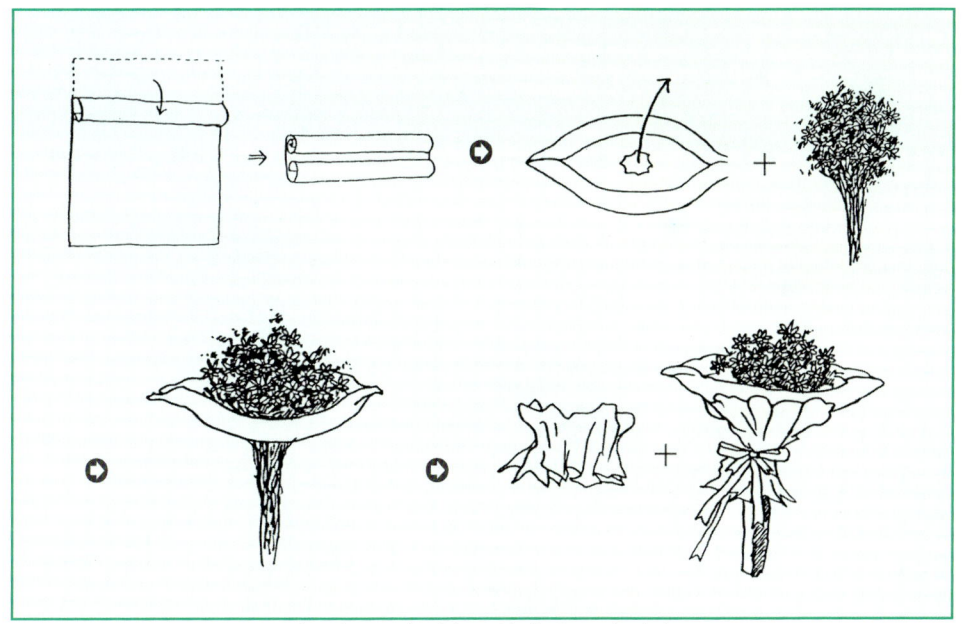

[그림 2-61] 입술 모양의 꽃 포장 방법

● 하트형 포장

마를 말아 하트형으로 만든 다음 장미를 채워 포장하는 방법이다[그림 2-62].

① 마를 말아 둥근 막대 모양으로 만든다.

② 막대를 하트 모양으로 만든다.

③ 하트 뒷면에는 하트 모양으로 재단한 포장지를 붙인다.

④ 개별적으로 접은 장미를 하트 모양이 되도록 배열하고 나서 줄기를 포장지와 함께 묶는다.

⑤ 손잡이 윗부분에 마 막대로 만든 액세서리나 리본 등을 붙여 완성한다.

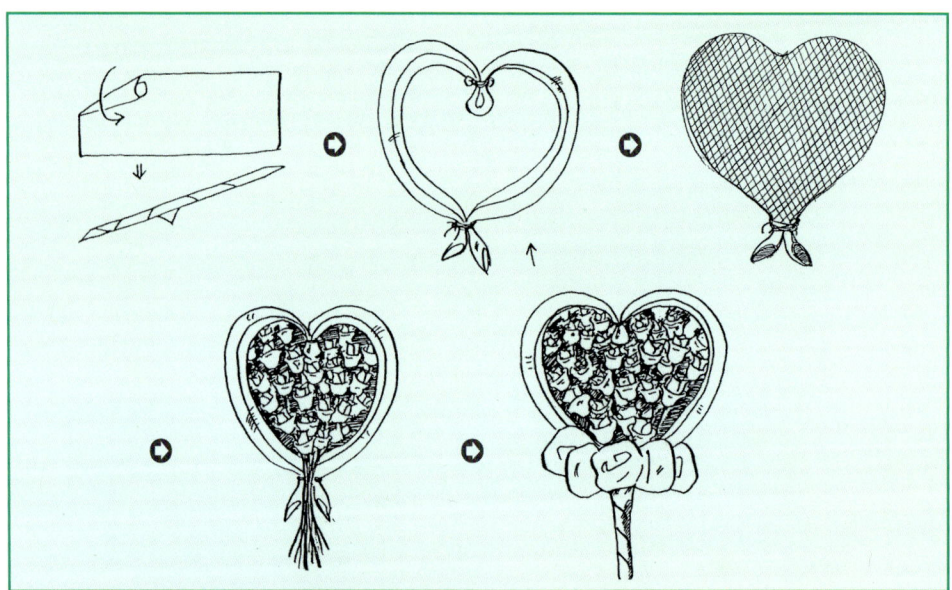

[그림 2-62] 하트 모양의 포장 방법

[그림 2-63] 장미를 하트 모양으로 포장한 꽃다발

● 하트를 첨가한 포장

꽃다발에서 마를 말아 만든 하트가 돌출되도록 한 다음 포장하는 방법이다[그림 2-64].

① 마를 말아 둥근 막대 모양으로 만든 다음 그림과 같이 하트 모양이 되도록 한다.

② 하트 모양의 마를 세운 다음 그림과 같이 꽃다발을 만든다.

③ 꽃다발이 만들어지면 포장지를 붙이거나 감기 포장을 한다.

④ 리본을 붙여 완성한다.

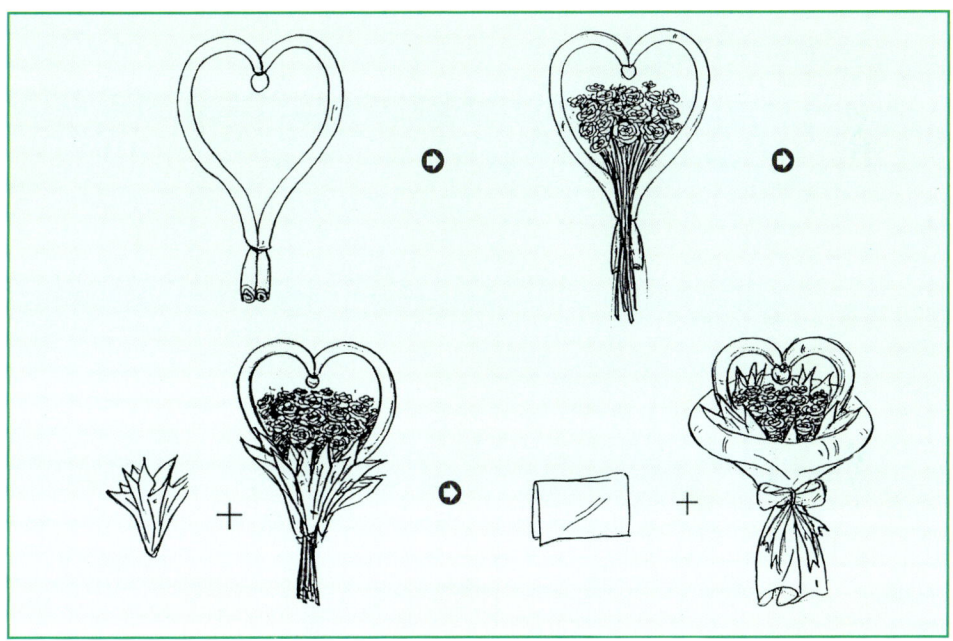

[그림 2-64] 하트를 첨가한 포장 방법

간지 넣기 포장

꽃다발을 만들 때 꽃의 양이 적거나 크고 화려하게 만들 때 꽃 사이사이에 포장지를 넣어 포장하는 방법이다. 이 방법은 적은 양의 꽃으로도 풍성하고 화려한 꽃다발을 만들 수 있을 뿐만 아니라 핸드타이드 꽃다발의 경우 간지를 첨가함으로써 원하는 모양을 쉽게 만들 수 있다. 다른 포장은 꽃다발을 만든 후 포장을 하지만 이 포장은 꽃다발을 만드는 과정에서부터 포장을 하게 된다.

○ 날개 넣기 포장

날개 모양으로 접은 포장지를 꽃 사이에 넣어가면서 포장하는 방법이다[그림 2-65].
① 포장지로 날개를 접어 손에 든 다음 꽃을 주름 사이에 끼우고 다시 날개를 첨가하기를 반복해 꽃다발을 만든다.
② 일정 크기의 꽃다발이 만들어지면 포장지 1장이나 2장을 접어서 주름을 주어 조인 다음 감고 나서 리본을 붙여 완성한다.

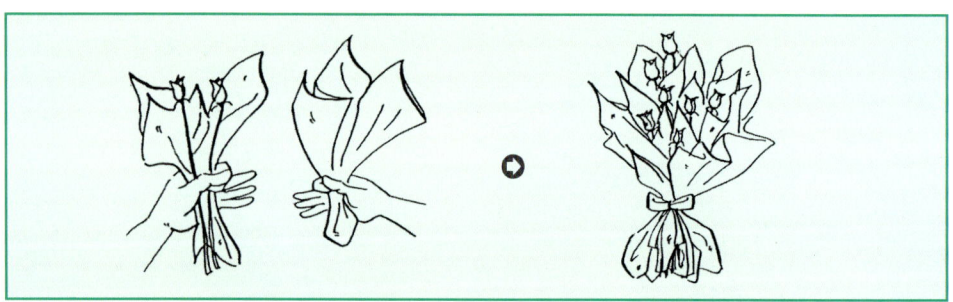

[그림 2-65] 날개를 접은 포장지를 꽃 사이에 넣는 포장 방법

| 장미 꽃다발 | 카네이션 꽃다발 | 나리 꽃다발 |

[그림 2-66] 날개 모양으로 접은 포장지를 꽃 사이사이에 넣어 포장한 꽃다발

◉ 접어 주름을 주어 조인 포장지를 넣기 포장

접어서 주름이 생긴 포장지를 꽃 사이에 넣어가며 포장하는 방법이다[그림 2-67].

① 포장지를 반으로 접은 다음 주름지 사이에 꽃의 줄기를 넣고 다시 포장지를 첨가해 꽃다발을 만든다.

② 일정 크기로 꽃다발이 만들어지면 리본을 붙이고 전체적으로 보아가며 모양을 다듬어 완성한다.

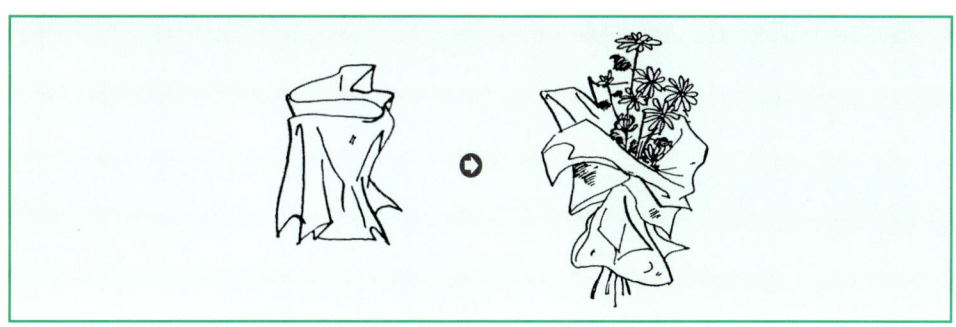

[그림 2-67] 접은 포장지를 간지로 활용한 포장 방법

[그림 2-68] 마의 가공성을 활용해
꽃 사이에 접어 넣어 포장한 꽃다발

◉ 포장한 개개의 꽃을 감싼 포장

주름지, 한지, 마 등의 포장지로 꽃 하나하나 감싼 다음 포장된 개개의 꽃으로 꽃다발을 만들고 포장한다[그림 2-69].

[그림 2-69] 장미꽃 개개를 마로 포장한 다음 만든 장미 꽃다발

● 꽃 2~5줄기를 감싼 포장

꽃을 2~5개 단위로 포장을 한 다음 다시 하나의 꽃다발이 되도록 포장하는 방법이
다[그림 2-70].

① 스프레이 국화 등의 줄기 2~5개를 한꺼번에 감싼다.

② 각각의 꽃을 감싼 것들을 모아 꽃다발을 만든 후 포장지를 감고 리본을 묶어 완성
　한다.

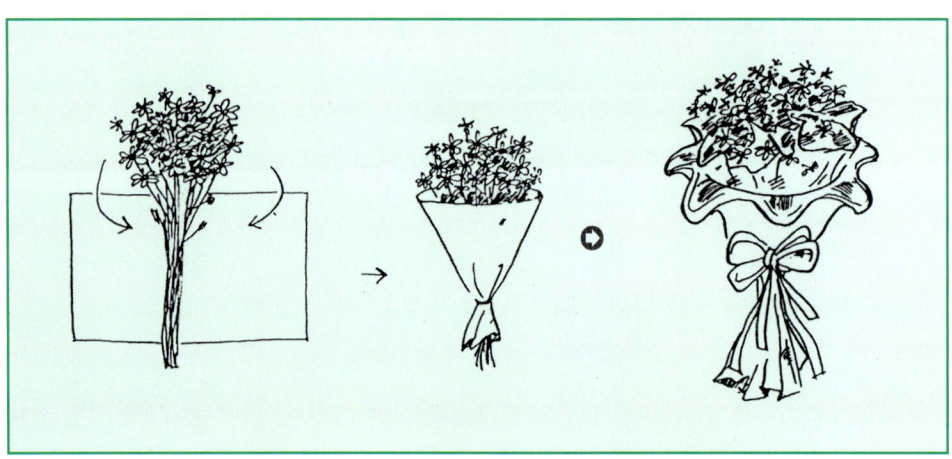

[그림 2-70] 꽃 2~5줄기를 감싸 만든 꽃다발의 포장 방법

OPP 포장

OPP 포장은 연약한 꽃으로 만든 꽃다발을 보호하면서도 꽃의 이미지를 그대로 살리고자 할 때 이용하기 좋은 포장법이다. 일반적인 꽃다발에서도 간결하면서 깔끔한 이미지를 주고자 할 때 이용된다.

● 감기(말기) 포장 1

OPP로 꽃다발을 감아 포장하는 방법이다[그림 2-71].
① 포장을 한 꽃다발을 OPP 위에 올려놓는다.
② OPP로 꽃다발을 감은 다음 스카치테이프로 고정한다.
③ 리본을 붙여 완성한다.

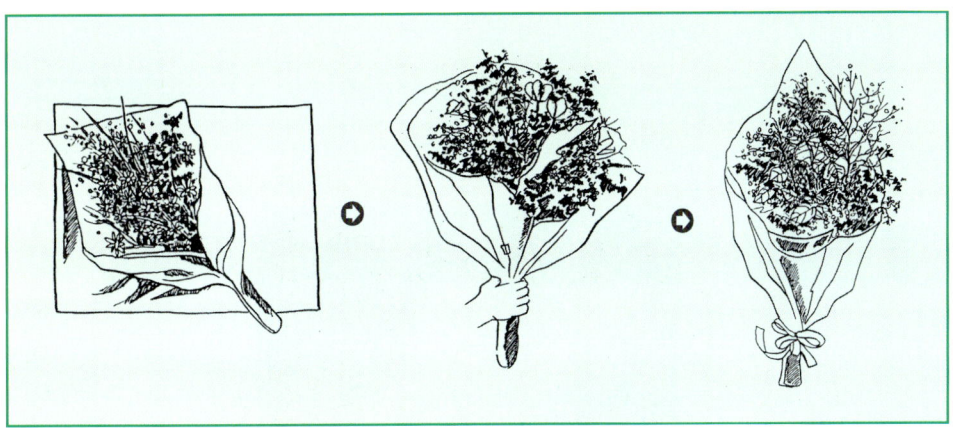

[그림 2-71] OPP를 이용한 감는 포장 방법

● 감기 포장 2

포장이 된 꽃다발을 OPP로 감아 포장하는 방법이다[그림 2-72].
① 포장할 꽃다발을 준비한다.
② OPP 위에 꽃다발을 뒤집어 놓는다.

③OPP로 꽃다발을 그림과 같이 감은 후 스카치테이프로 고정한다.

④허리 부분을 조여 묶는다.

⑤꽃다발을 앞쪽으로 돌리고 허리 부분에 리본을 붙여 완성한다.

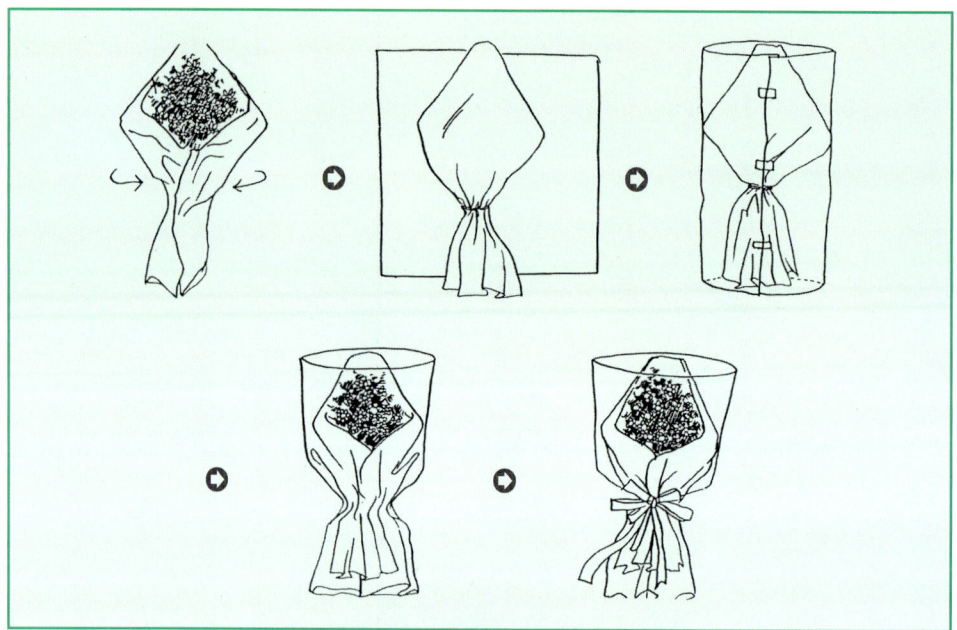

[그림 2-72] OPP를 이용한 감기 포장 방법

[그림 2-73] OPP로 꽃다발을 감아 포장한 꽃다발

● 감기 포장 3

OPP로 꽃다발을 감아 포장하는 방법이다[그림 2-74].

① OPP로 꽃다발을 감은 후 스카치테이프로 고정시킨다. 이때 OPP지가 술잔 형태
　로 되도록 포장지 아랫부분을 너무 조이지 말고 여분을 준다.

② OPP 아랫부분을 주름이 고루 가게 하면서 손잡이 부분에 감싸 모은다.

③ 손잡이 부분에서 묶고 리본을 붙인다.

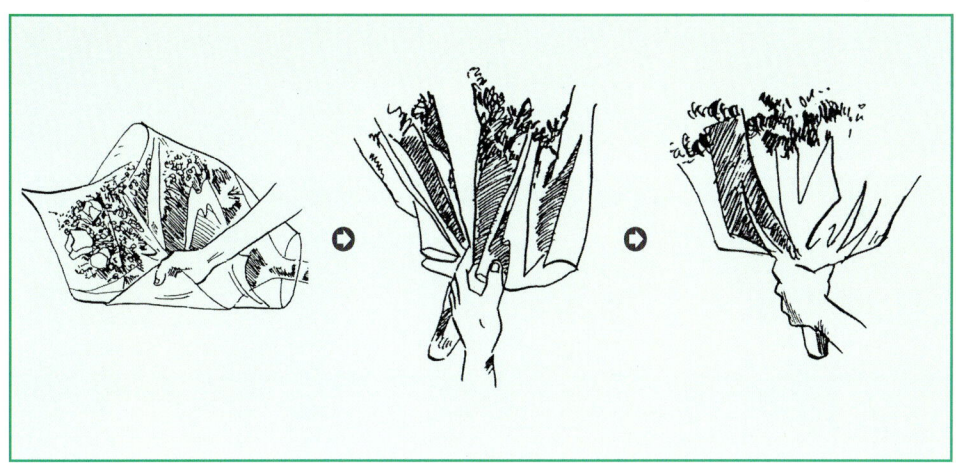

[그림 2-74] OPP를 이용한 감기 포장 방법

● 씌우기 포장

OPP로 꽃다발을 덮어 씌우는 포장 방법이다[그림 2-75].

① OPP를 길게 놓은 다음 꽃다발을 올려놓고 다시 OPP를 반으로 접어 꽃다발을 덮
　는다.

② 손잡이 부분에서 모아 묶는다.

③ OPP의 양 모서리를 호치키스로 고정한다.

④ 호치키스로 고정한 부분은 작은 리본으로 달아 감춘다. 전체적인 모양을 잡아가
　면서 허리 부분도 리본을 달아 완성한다.

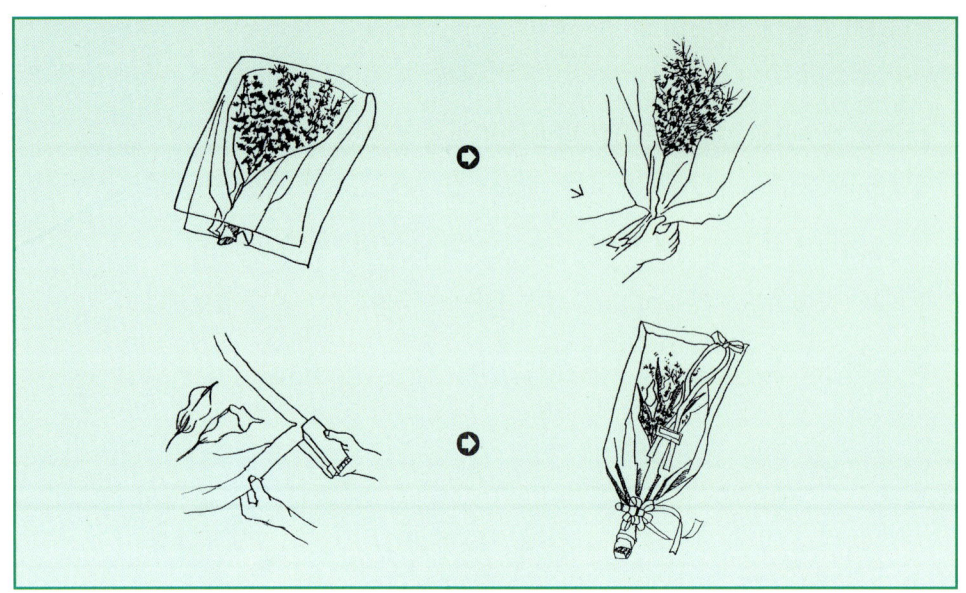

[그림 2-75] OPP를 이용한 씌우기 포장 방법

● 붙이기 포장

꽃다발에 OPP를 돌아가며 붙이는 포장법이다[그림 2-76].

① 사각형으로 자른 포장지 2장을 그림과 같이 OPP 위에 올려놓는다. OPP만을 이용해도 좋다

② OPP를 그림과 같이 접는다.

③ 접어놓은 OPP를 꽃다발에 붙여가며 포장한 후 허리 부분을 묶는다. 가위로 정리하고, 리본을 붙여 완성한다.

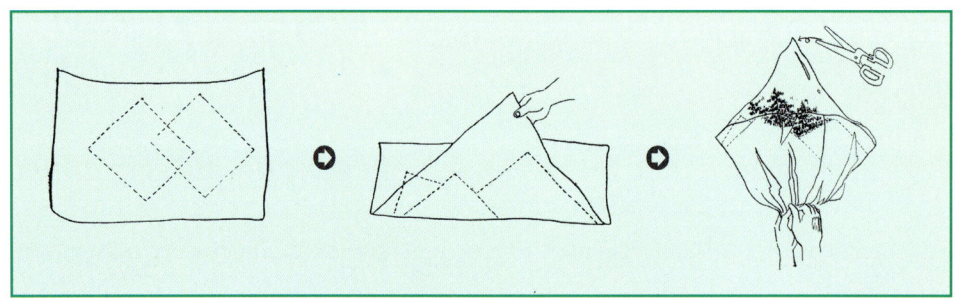

[그림 2-76] OPP를 이용한 붙이기 포장 방법

● 감싸 모으기 포장

OPP로 꽃다발을 감싸 모으는 포장법이다[그림 2-77].

① 사각형으로 자른 OPP 위에 사각형으로 자른 포장지를 그림과 같이 깔고 꽃다발을 올려놓는다.

② 아래쪽의 포장지를 위쪽으로 접어 손잡이를 덮어 준다.

③ 좌측의 포장지를 그림과 같이 접는다.

④ 우측의 포장지를 좌측과 같이 안쪽으로 접는다.

⑤ 리본을 묶어 완성한다.

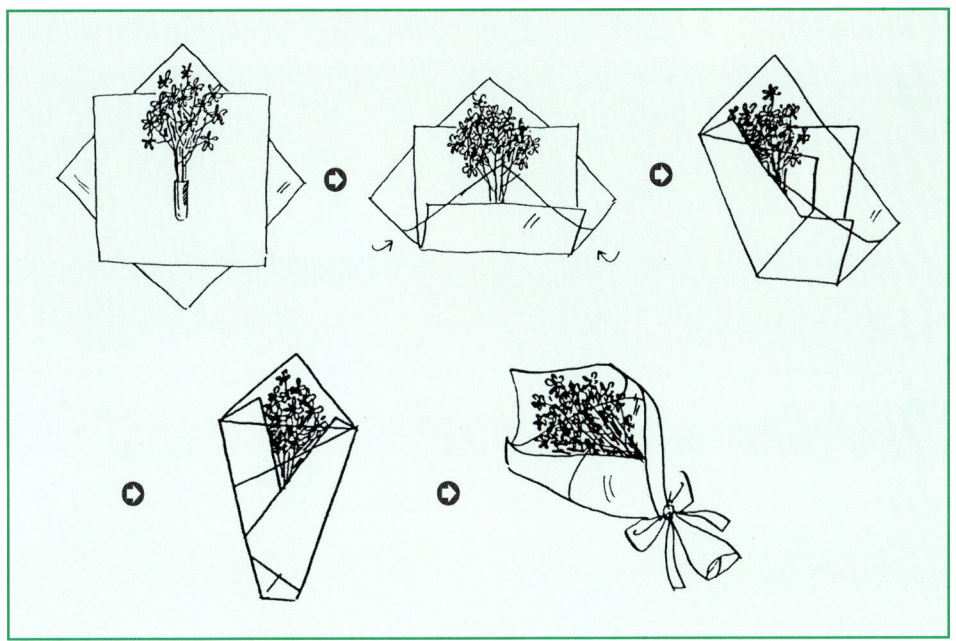

[그림 2-77] OPP를 이용한 감싸 모으기 포장 방법

3장 꽃바구니 포장

1. 바구니 포장의 의의

바구니 가게에 가서 눈여겨보면 컬러플하고 너무나 다양한 디자인의 바구니가 시판되고 있다. 그렇게 예쁜 바구니에 포장은 왜 하나 의아해 하는 사람이 많을 것이다. 사

실 맞는 말이다. 바구니의 포장은 원칙적으로 하지 않는 게 자연스럽다. 하지만 포장을 하는 것이 더 좋은 경우가 있다. 바구니의 모양이나 색이 예쁘지 않은 경우, 묵은 바구니, 값싸 보이는 바구니를 품위 있게 꾸미고자 할 때, 꽃이나 소재가 부족해 포장으로 부족함을 대체하고자 할 때, 화려한 바구니를 만들려고 하나 화려한 꽃이 없을 때, 외관적이나 심리적으로 상품의 부가가치를 창출하고자 할 때 등은 포장이 유익한 수단이 된다.

2. 바구니 종류와 명칭

바구니는 재질과 모양에 따라 여러 종류가 있는데 바구니의 쓰임새, 계절, 꽃과 꽂는 양식을 고려하여 선택한다.

바구니의 종류는 모양, 재질, 크기에 따라 분류할 수 있다. 바구니의 모양에 따라서는 원통형 바구니, 하트형 바구니, 모자형 바구니, 사각 바구니 등이 있다. 바구니의 재료에 따라서는 버드나무 바구니, 대나무 바구니, 철제 바구니, 플라스틱 바구니 등이 있으며, 버드나무와 대나무 재질의 바구니가 가장 많이 이용되고 있다. 바구니의 크기에 따라서는 미니 바구니, 중형 바구니, 대형 바구니로 분류하기도 하고 치수를 부르기도 한다. 이외에 용도나 목적에 따라 분류하기도 하는데 아직 통일된 규정이 없어 파는 곳에 따라 이름이 다른 경우가 많다.

바구니 부위에 따라서는 명확하게 구분되어 붙여진 이름이 없지만 화분의 부위별 명칭을 감안해 보면 [그림 3-1]과 같이 분류하는 게 가능하다.

① 손잡이
② 몸체와 손잡이의 접합 부위
③ 바구니 턱
④ 바구니 몸체
⑤ 바구니 바닥

[그림 3-1] 바구니의 부위별 명칭

3. 바구니 포장의 실제

기본 포장 기술

바구니의 모양이 다양한 만큼이나 포장 방법도 여러 가지가 있어 어렵게 생각하기 쉽다. 그러나 바구니 포장법도 알고 보면 기본적으로 적용되는 몇 가지 기술이 있다.

○ 감기 포장(옆에서 감싸기 포장)

감기 포장은 준비한 포장지를 바구니 옆에서 한 바퀴 감는 포장으로 감싸는 포장과 함께 가장 쉽게 할 수 있는 포장 방법이다. 주로 난 화분, 원통형 바구니처럼 바구니 몸체가 높은 바구니 포장에 적당하다.

1장 감기 포장

1장 감기 포장은 간단하고 쉽게 할 수 있지만 자칫 단순해지기 쉽다. 그러므로 이를 보완하려면 주름종이의 경우 늘어나는 성질을 활용해 포장지 위쪽이나 아래쪽을 늘리면서 변화를 주는 게 좋다. 부직포나 망사, 마 등은 주름을 주는 등 몸체 부분에 변화를 주는 것이 좋다[그림 3-2].

① 포장지로 바구니를 감은 후 접착제나 리본을 이용해 포장지가 겹치는 부분을 고

정한 포장

② 단순함을 보완하기 위해 포장지 위쪽을 늘려 변화를 준 포장

③ 주름종이의 늘어나는 특성을 활용해 포장지 위아래의 끝부분을 늘려 변화를 준 포장

④ 포장지로 바구니를 한 바퀴 감은 후 끝부분을 뒤집어 접고 변화를 준 포장

⑤ 포장지로 바구니를 한 바퀴 감은 후 포장지 양끝을 말아 입체감을 살린 포장

⑥ 포장지로 바구니를 한 바퀴 감은 후 포장지 위쪽의 좌우 모서리 부분을 뒤쪽으로 접은 포장

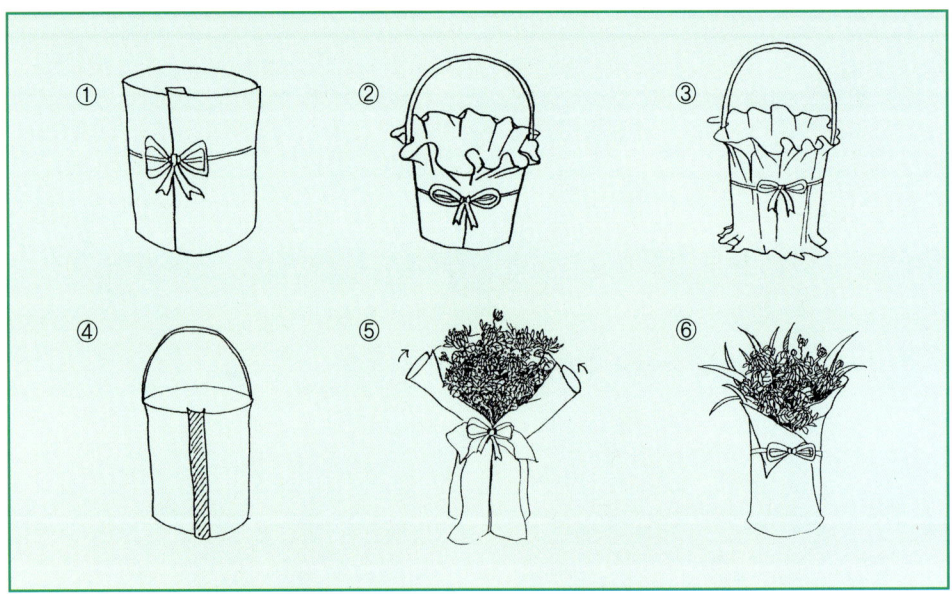

[그림 3-2] 바구니 포장에서 1장 감기 포장의 여러 가지 방법

1장을 내려 접은 다음 감기 포장

포장지의 폭이 넓은 데 비해 바구니가 낮고, 포장지를 감기 좋은 바구니의 포장에 이용하기 좋은 방법이다[그림 3-3].

① 포장지를 반으로 접는다.

② 반으로 접은 포장지에 주름을 주어가며 바구니를 포장한다.

③ 리본을 붙여 완성한다.

[그림 3-3] 바구니 포장에서 1장을 내려 접은 다음 감는 포장 방법

2장 감기 포장

포장지 2장을 겹쳐 감는 포장이다. 주로 포장지 1장을 감아 포장했을 때의 단순함을 커버하기 위한 것으로 색깔이나 재질, 크기가 다른 포장지 2장을 감아 포장에 변화를 줄 수 있는 이점이 있다. 색깔이 있는 포장지를 감아 포장한 다음 다시 망사처럼 속이 비치는 포장지를 감아 포장하거나 포장지 접합 부위를 다른 색상의 포장지로 포장하는 방법 등에 의해 다양한 변화를 줄 수 있다.

[2장 감기 포장 1]

① 포장지 1장을 감은 후 윗부분에 색깔이 다른 포장지를 감은 포장

② 포장지 1장을 감은 후 허리 부분에 색깔이 다른 포장지를 감은 포장

③ 포장지 1장을 감은 후 이음새 부분에 다른 색깔의 포장지를 붙인 포장

[그림 3-4] 바구니 포장에서 2장 감기 포장의 여러 가지 방법

[2장 감기 포장 2]

① 포장지 1장으로 바구니를 감아 포장한다.

② 포장지 한 장은 양끝을 말아 그림과 같이 바구니를 감는다.

③ 리본을 묶고 꽃을 꽂아 꽃바구니를 완성한다.

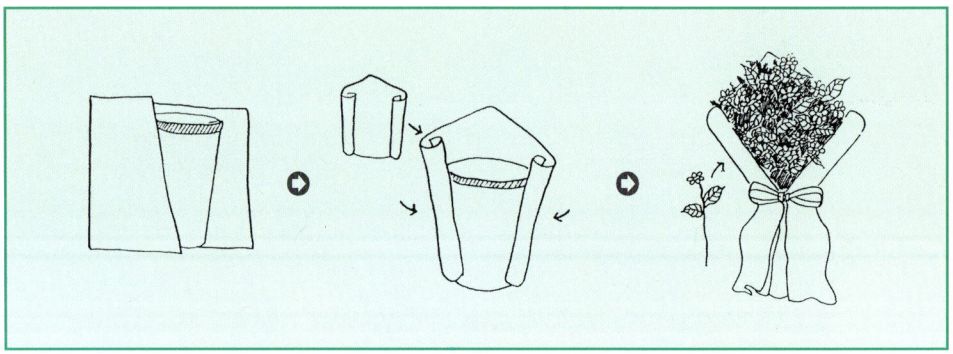

[그림 3-5] 바구니 포장에서 2장 감기 포장 방법

○ 감싸 올리기 포장

바구니 포장의 가장 일반적인 포장 방법으로 내용물을 감싸는 포장과 바구니를 감싸는 포장이 있다.

내용물을 감싸기 포장

바구니 종류에 따라 내용물이 비치도록 제작된 바구니가 있다. 플로랄폼 등 내용물이 비춰 보기 흉한 것을 가리고자 할 때, 포장지를 소재의 하나로서 색채적으로나 재질적으로 활용하고자 할 때, 포장지 끝부분이 삐쳐 나오게 하여 심리적으로 상품성을 높이고자 할 때 등에 이런 바구니를 이용한다.

[내용물을 감싸 올리기 포장 1]

① 바구니에 포장지를 올려놓는다.

② 비닐류와 함께 물을 먹인 플로랄폼을 올려놓는다.

③ 꽃을 꽂은 후 주름을 손질하면서 완성한다.

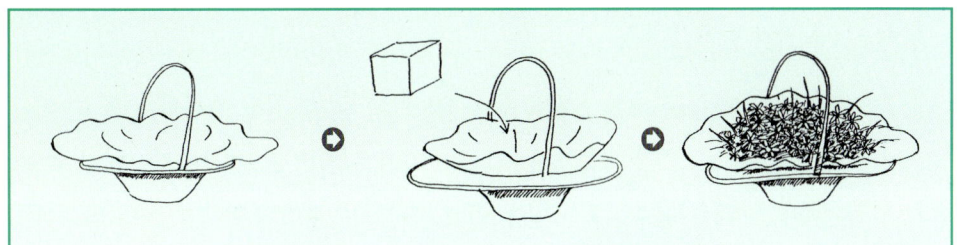

[그림 3-6] 내용물을 감싸기 포장 방법

[그림 3-7] 내용물을 감싸기 포장을 할 때는 바구니 몸체와 플로랄폼 사이에 날개 모양으로 접은 포장지를 사이사이에 첨가하면 포장이 풍성해진다.

[그림 3-8] 과일 꽃바구니는 내용물을 감싸기 포장에 의해 고급스러움과 위생을 강조할 수 있다.

[내용물을 감싸기 포장 2]

① 바구니에 포장지를 올려놓은 다음 양끝에서 말아 양 기둥 형태로 만든다.

② 포장지의 양쪽 기둥 끝을 각각 손잡이에 모아 고정시킨다.

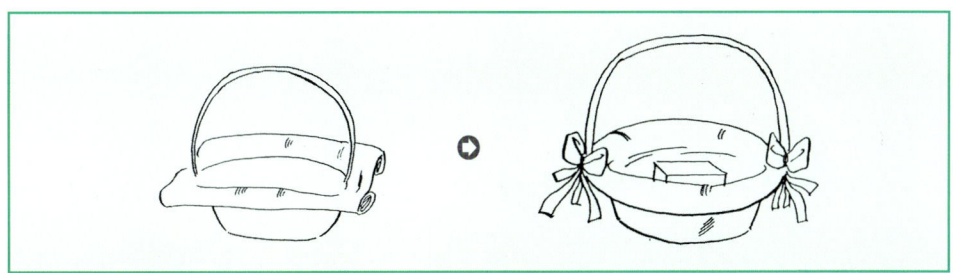

[그림 3-9] 내용물을 감싸기 포장 방법

몸체가 원통 모양인 바구니를 간단하게 포장하고자 할 때 가장 용이하게 할 수 있는 방법이다. 방법은 바구니를 감싸고 남을 만큼의 크기로 자른 포장지(사각형이나 원형)를 펼쳐 놓는다. 그 다음 바구니를 포장지 위에 올려놓고 포장지를 위로 올려 바구니를 감싼다. 포장지를 감싼 후 철사, 고무밴드, 접착제, 리본 등을 이용해 고정하고 포장지 끝부분이 삐쳐 나와 바구니 턱이 되도록 한다(포장지 크기나 바구니에 따라서 포장지 끝부분을 정리하는 것이 좋다). 경우에 따라서는 포장지로 바구니를 감싼 후 포장지 끝부분이 바구니 속으로 들어가도록 한다. 2장의 포장지를 이용할 때는 감는 포장과 마찬가지로 1장 포장보다 다양한 변화를 줄 수 있다.

[바구니를 감싸 올리기 포장 1]
① 포장지를 양 기둥형으로 만든 후 바구니를 올려놓는다.
② 기둥 형태로 만든 포장지의 양쪽 끝을 각각 고정시켜 완성한다.

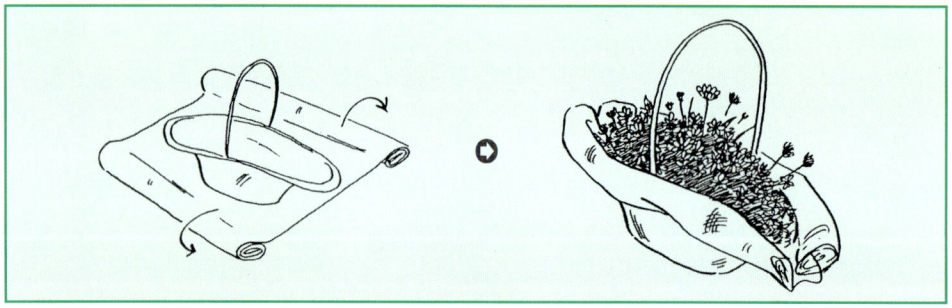

[그림 3-10] 바구니를 감싼 다음 양쪽 끝을 말아 올린 포장 방법

[그림 3-11] 포장지로 바구니를 감싼 다음 양쪽 끝을 말아 올린 과일 꽃바구니

[바구니를 감싸 올리기 포장 2]

① 포장지에 바구니를 올려놓는다.

② 포장지를 감싸 올린다

③ 리본으로 묶고 포장지의 주름이 골고루 펴지게 손질하면서 완성한다.

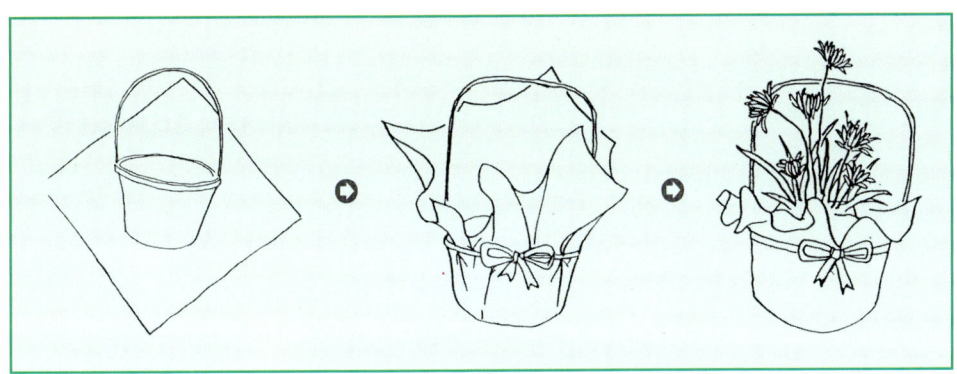

[그림 3-12] 바구니를 감싸 올린 포장 방법

꽃을 꽂은 다음 바구니를
감싸 올린 포장

꽃을 꽂은 후 바구니 턱 위에
고정해서 감싸 올린 포장

바구니를 감싸 올린 후 바구니 턱에
볼륨을 주어 가며 고정한 포장

바구니를 감싸 올린 후 포장지 끝부분을
바구니 턱 안으로 집어넣은 포장

[그림 3-13] 바구니를 감싸 올린 포장의 여러 유형

🌑 감싼 다음 손잡이에서 모아 묶기 포장

펼쳐 놓은 포장지에 바구니를 올려놓은 다음 포장지의 양끝을 모아 잡아당기면서 바구니를 감싼 다음 손잡이에서 모아 묶는 방법이다. 손잡이에서 묶을 때는 포장지 끝을 포장지 종류나 길이에 따라 여러 가지 모양을 연출할 수 있다(바로 묶기, 묶은 다음 접어서 다시 한 번 묶기 등). 감싼 포장이 비교적 단순한 데 비해 감싼 다음 손잡이에서 묶게 되면 손잡이와 몸체의 접합 부위에 볼륨감이 생기고 여러 가지 액세서리 등을 붙여 포장을 강조할 수 있다.

① 포장지 위에 바구니를 올려놓는다.

② 포장지 끝을 바구니 몸체와 손잡이 접합 부위에 모아 묶는다.

③ 포장지의 양끝을 모아 당겨 손잡이에 묶는다.

④ 포장지의 양끝을 바깥쪽으로 접은 다음 손잡이에 감싸 묶는다. 또는 포장지의 양끝을 안쪽으로 접은 다음 손잡이에 감싸 묶는다.

⑤ 리본을 묶어 완성한다.

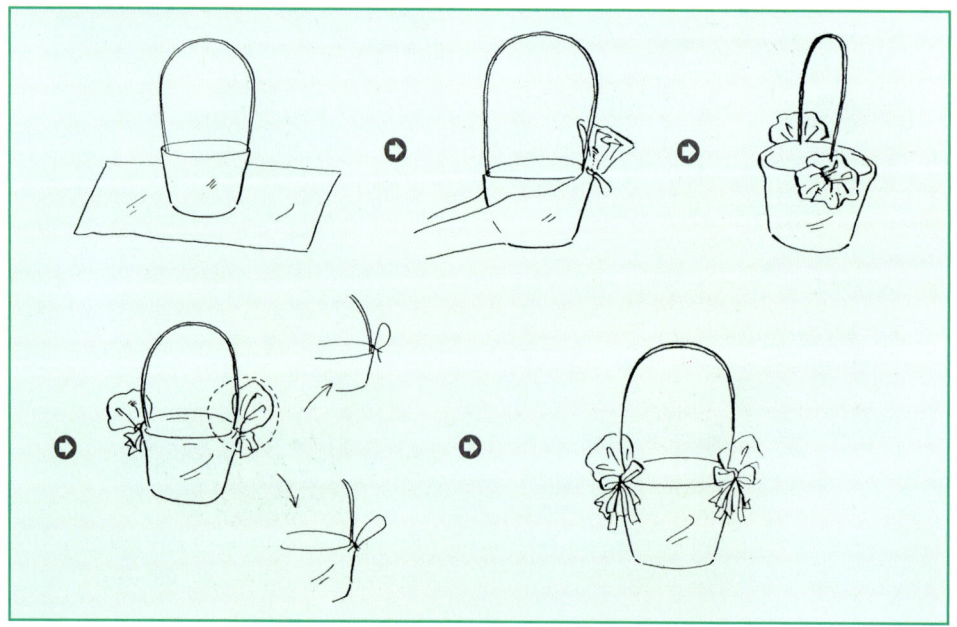

[그림 3-14] 감싼 다음 손잡이에 모아 묶기 포장 방법

[그림 3-15] 포장지를 손잡이에 감싸 묶은 부위에는 리본이나 액세서리를 붙인다.

● 감은 다음 감싸 올리기 포장

바구니 몸체 부분을 옆에서 한 바퀴 감아 포장한 다음 바닥에 포장지를 펼쳐 놓은 후 바구니를 놓고 포장지를 감싸 포장한다.

● 붙이기 포장

포장지나 장식물을 바구니에 직접 붙이는 포장 방법이다. 바구니 입구가 빈약하거나 밑받침 소재가 빈약할 때, 꽃이 적을 때에 꽃이나 소재를 적게 사용하면서도 풍성함을 강조하기 위해 포장지를 바구니 턱에 붙여 이용한다. 또 바구니가 예뻐 바구니 전체를 포장지로 감싸지 않고 일부분만 강조하거나 성의를 보이는 선에서 포장을 끝내려고 할 때 이용하는 방법이다. 포장지는 접착제나 가는 와이어 등으로 많이 붙인다.

붙이기 포장 1

① 바구니와 레이스를 준비한다.
② 접착제를 이용해 레이스를 바구니 턱에 부착하고 리본을 묶어 완성한다.

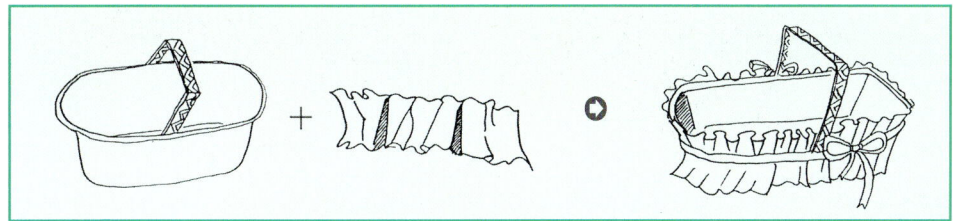

[그림 3-16] 레이스를 붙이기 포장 방법

① 바구니에 꽃을 꽂아 완성한다.

② 볼 및 날개 형태를 만든다.

③ 볼 및 날개 형태로 만든 것을 돌아가면서 꽂는다.

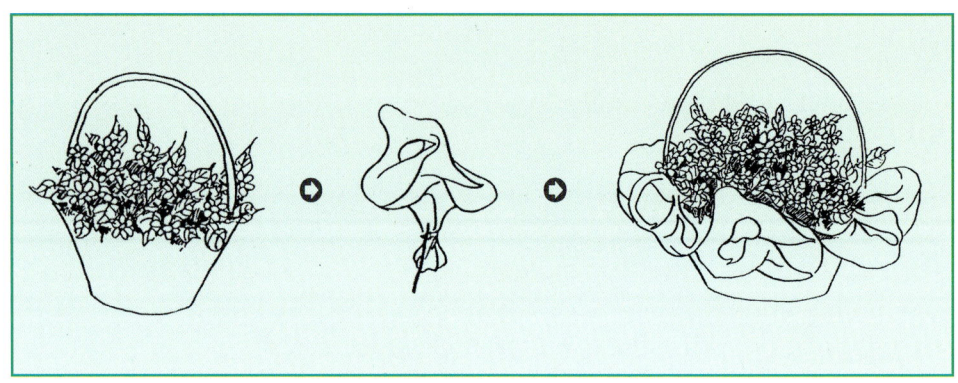

[그림 3-17] 볼 형태로 만든 포장지를 붙이기 포장

① 날개 형태로 만든 포장지를 붙인 포장

② 볼 형태로 만든 포장지를 붙인 포장

[그림 3-18] 부직포와 마를 이용한 붙이기 포장

● 감싸고 붙이기 포장

포장지로 바구니를 감싸서 포장했을 때 양쪽 손잡이 부분은 리본을 붙이거나 포장지를 부풀려 묶는 등의 변화를 줄 수 있으나 바구니 턱 부분의 포장지는 그럴 만한 여유가 없어 빈약해 보이는 경우가 많다. 이때는 포장지를 추가로 준비하여 부풀려 가면서 묶거나 붙여 볼륨감을 나타낼 수가 있다.

[그림 3-19] 포장지로 몸체를 감싼 다음 다시 바구니 턱에 부풀림을 준 포장지를 붙인 바구니 포장

● 포장지에 액세서리를 붙이기 포장

포장의 마지막 단계에서 바구니의 미적 가치를 더욱 높이고자 할 때 이용하는 포장의 한 방법이다. 액세서리로는 조화, 진주구슬, 리본, 사탕, 항아리 장미 등이 많이 사용된다.

[그림 3-20] 바구니를 포장한 포장지에 리본과 조화 장미를 액세서리로 활용하여 붙인 바구니 포장

● 응용 포장

호치키스를 이용한 바구니 포장

포장지로 바구니를 감싸 올릴 때 하는 방법 중의 하나로 2장의 포장지를 '十자형'으로 놓은 다음 바구니를 올려놓고 [그림 3-21]과 같이 호치키스로 포장지를 고정하는 방법이다.

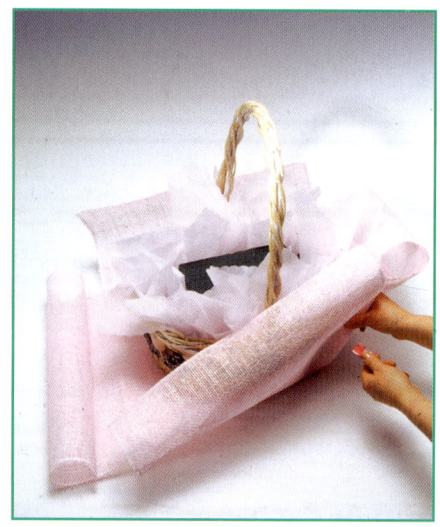

[그림 3-21] 호치키스를 이용한 포장

타카를 이용한 바구니 포장

타카를 이용한 포장은 모양을 내는 데는 한계가 있지만 쉽게 그리고 빠르게 할 수 있는 방법이다. 과정은 [그림 3-22]와 같다.

① 바구니 몸체를 포장할 포장지를 바닥에 깔고 바구니를 올려놓는다.

② 포장지로 바구니를 감싼 다음 턱 부분에서 타카로 고정한다.

③ 바구니 턱에 타카로 포장지를 붙여 나간다.

④ 전체적으로 포장지가 일정한 모양이 되도록 타카로 고정한다.

⑤ 리본을 붙이고 모양을 손질하여 완성한다.

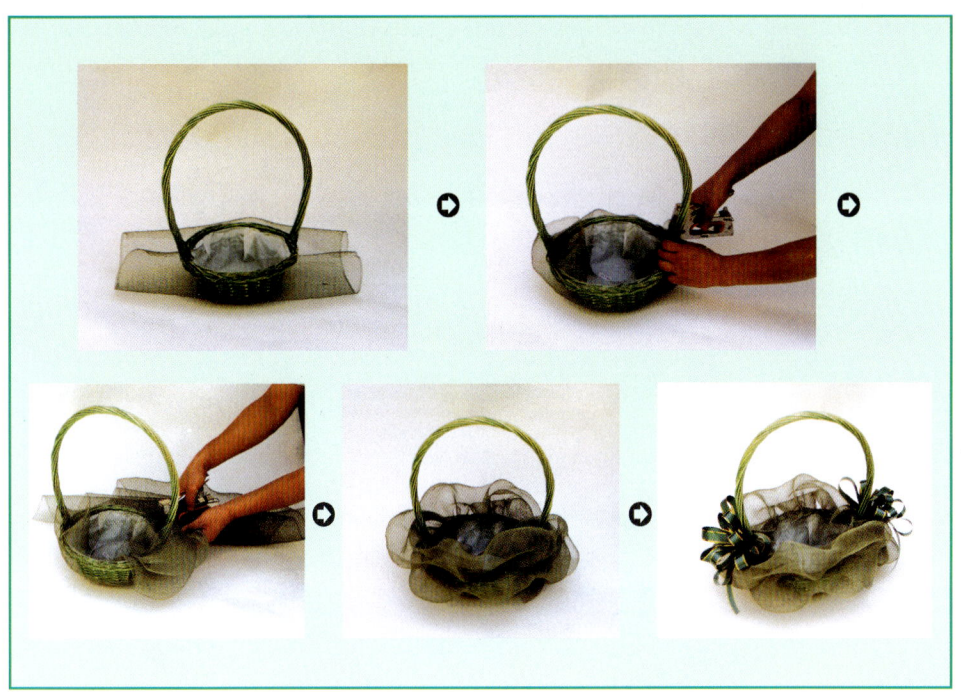

[그림 3-22] 타카를 이용한 바구니 포장 방법

타카를 이용한 원통형 바구니 포장

원통형 바구니의 경우 바구니 턱에 포장지로 부풀림을 주려면 손잡이가 있는 바구니
나 작은 바구니에 비해 다소 번거로운데 타카를 이용하면 간단하게 할 수 있다. 포장
방법은 [그림 3-23]과 같다.

① 포장지 2장을 엇갈리게 놓은 다음 바구니를 올려 놓는다.

② 포장지를 감싸 올린 다음 타카로 고정한다.

③ 바구니 몸체 부분의 포장지가 뜨지 않도록 타카로 몸체에 고정한다.

④ 타카로 포장지를 바구니 턱에 고정하면서 정리한다.

⑤ 포장지 끝부분을 바구니 안으로 집어 넣는다.

⑥ 바구니 턱에도 포장지를 붙여 나간다.

⑦ 리본을 붙여 마무리한다.

⑧ 타카를 이용해 포장을 한 바구니에 꽃을 꽂은 꽃바구니

[그림 3-23] 타카를 이용한 원통형 바구니 포장 방법

기타

포장의 기본적인 테크닉을 응용하는 방법으로 포장하는 사람의 독자적인 창작력에 의해 다양한 포장을 연출할 수 있다.

바구니의 부위별 포장

바구니의 포장은 전체가 한 과정인 것처럼 생각하기 쉽지만 부위별로 나눠 보면 실로 다양하다. 바구니 몸체는 물론 바구니 턱, 손잡이 등 부분부분마다 다양한 포장 방법이 적용되고 있는데, 이를 익혀 두고 순서대로 포장하면 바구니 포장이 한결 쉬워진다.

포장은 바구니 종류에 따라 리본 하나만 붙이는 경우도 있고, 전체를 포장하는 경우가 있다. 부분만 포장하는 경우는 별로 문제가 되지 않지만 전체를 포장할 때는 손잡이부터 시작해서 → 몸체 → 손잡이와 바구니 몸체의 접합 부위를 포장하고 나서 리본이나 장식물을 붙이는 게 효율적이다.

● 바구니 몸체 포장

바구니 몸체에는 액세서리를 붙이는 방법, 포장지를 감거나 감싸는 방법, 감싸고 묶는 방법, 붙이는 방법이 주로 적용된다[그림 3-24].

① 포장지로 바구니를 감싸 올린 다음 포장지 끝을 바구니 안쪽으로 접어 넣은 포장
② 포장지로 바구니를 감싸 올린 다음 리본을 묶어 완성한 포장
③ 포장지로 바구니를 감싼 다음 양쪽 끝을 접합 부위에 묶어 완성한 포장
④ 포장지로 바구니를 감은 포장

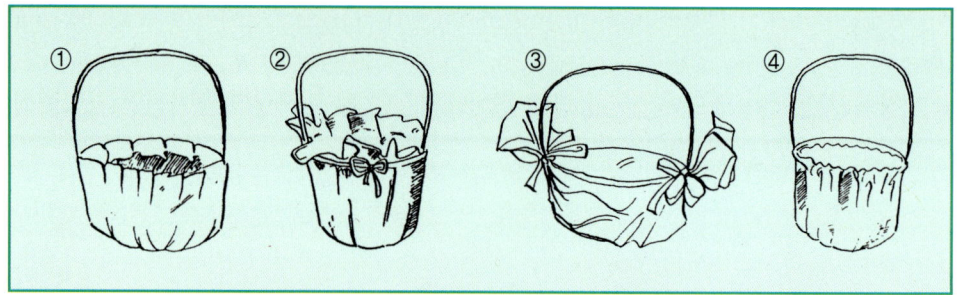

[그림 3-24] 바구니 몸체 포장의 여러 유형

● 바구니 턱 포장

바구니 턱은 리본, 레이스, 구슬, 조화 등을 붙이는 포장이 많이 이용된다. 바구니에 꽃을 꽂을 때는 포장지에 볼륨을 주어 가면서 턱에 붙여 이용하는 경우가 많다. 특히 밑받침 소재가 없거나 적을 때는 포장지를 부풀려 가면서 바구니 턱에 붙여서 밑받침 소재로 활용하는 경우가 많다. 바구니 턱을 포장하는 방법은 [그림 3-25, 26, 27]과 같이 다양하다.

바구니 턱 포장 1

① 포장지의 한쪽 끝을 접합 부위에 고정한다.
② 포장지에 부풀림을 주어 접은 다음 묶고, 묶은 부분을 바구니 턱에 고정시킨다.
③ 전체적으로 부풀림을 준 것이 일정 크기가 되도록 하면서 바구니 턱 포장을 완성한다.

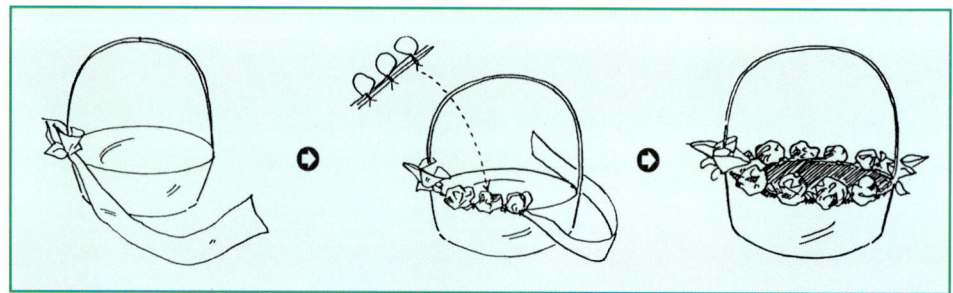

[그림 3-25] 바구니 턱 포장 방법

① 포장지의 한쪽 끝을 접합 부위에 묶어 고정한다.

② 포장지에 부풀림을 주어 가면서 중간 중간을 바구니 턱에 고정한다.

③ 부풀림을 준 포장지를 일정 간격으로 턱에 붙여 가면서 완성한다.

④ 바구니 턱 포장을 한 바구니

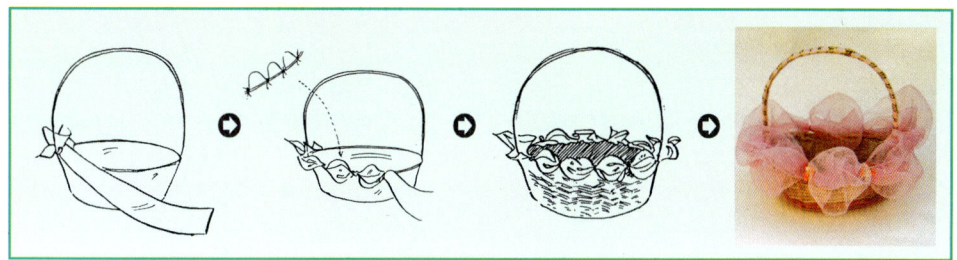

[그림 3-26] 바구니 턱 포장 방법

바구니 턱 포장 3

① 마를 말아 바구니 턱이 하트 모양이 되도록 장식한 포장

② 바구니 턱을 하트 모양으로 포장한 바구니에 꽃을 꽂은 꽃바구니

[그림 3-27] 바구니 턱을 하트 모양으로 포장한 바구니

○ 손잡이 포장

바구니 종류에 따라서 손잡이가 없는 것도 있고, 있다고 해도 꽃을 꽂으면 꽃에 감춰지는 경우도 있어 포장을 안 하는 경우가 종종 있다. 그러나 손잡이가 노출되는 경우에는 꽃

바구니를 더욱 아름답게 하고 꽃과 조화를 이루게 하기 위해 포장을 하는 경우도 많다.

손잡이 포장은 리본으로 감는 게 가장 일반적인 방법이다[그림 3-28]. 리본으로 감을 때는 가능한 바구니 몸체 포장지와 같은 색을 사용하는 게 무난하다. 또 리본은 일정 길이 만큼 자른 다음 이것을 감게 되면 부족하거나 남는 경우가 많으므로 롤채로 감아가는 것이 좋다. 레이스를 붙일 때는 주름을 주어가면서 글루건으로 붙인다. 이 외에 포장지로 부풀림을 주거나 구슬, 조화 등의 액세서리를 붙여도 좋다[그림 3-29, 30].

바구니 손잡이 포장 1

① 리본으로 손잡이를 감아 포장한다. 리본 롤의 바깥부분을 바구니 손잡이에 붙여가며 돌려 감으면 편리하다.

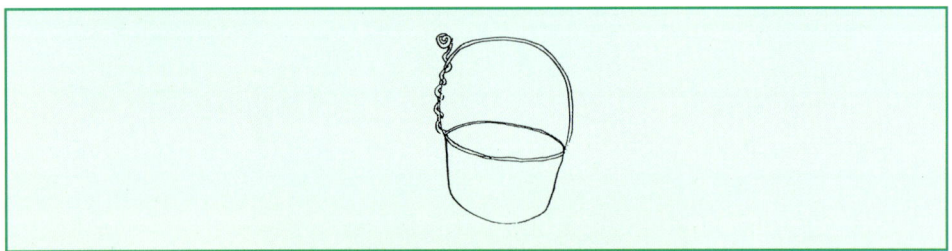

[그림 3-28] 리본으로 손잡이를 포장하는 방법

바구니 손잡이 포장 2

① 접합 부위에 포장지를 묶어 고정한다.
② 포장지에 부풀림을 주어가며 묶는다.
③ 바구니 몸체와 손잡이 좌우 부분 등 전체적인 균형을 생각하며 포장하여 완성한다.
④ 손잡이 포장을 한 바구니

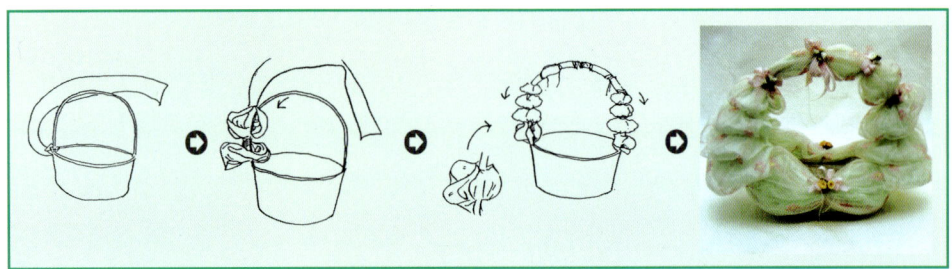

[그림 3-29] 손잡이 포장 방법

① 접합 부위에 포장지 한쪽 끝을 고정한 후 부풀림을 주어가며 일정 간격으로 묶어
　 나간다.

② 전체적으로 균형을 보아가며 완성한다.

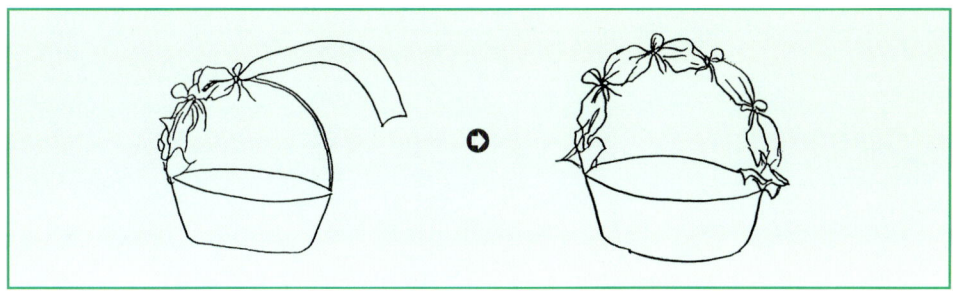

[그림 3-30] 마로 부풀림을 주어가면서 손잡이를 포장하는 방법

● 몸체와 손잡이의 접합 부위 포장

　몸체와 손잡이의 접합 부위는 대부분의 바구니 포장에서 포장지를 감싸 묶는 부위이
다. 접합 부위 포장은 바구니에 따라서는 단순히 감싸 묶기만 하기도 하지만 감싸고 남
은 포장지에 볼륨감을 주어 강조할 수 있다[그림 3-31].

　주로 리본을 많이 붙이는데, 리본은 바구니 색이나 꽃의 색에 맞추어 유사한 색의 리
본을 붙이는 것이 좋지만 특별한 의미를 부여하기 위해 일부러 분위기를 갖는 색을 사
용하는 경우도 종종 있다. 또 이 부위에 포장지를 이용해 만든 장미, 리본, 다른 액세서
리를 붙임으로써 바구니에 볼륨을 주고 포장을 더욱 강조할 수 있다[그림 3-32].

접합 부위 포장 1

① 포장지 끝을 접합 부위의 손잡이에 끌어당겨 감싸듯이 묶는다.

② 포장지의 끝부분을 안쪽이나 바깥쪽으로 접은 다음 접합 부위의 손잡이에 묶는다.

③ 포장지의 끝부분을 안쪽이나 바깥쪽으로 접고 나서 다시 한 번 접은 다음 접합 부
　 위의 손잡이에 묶는다.

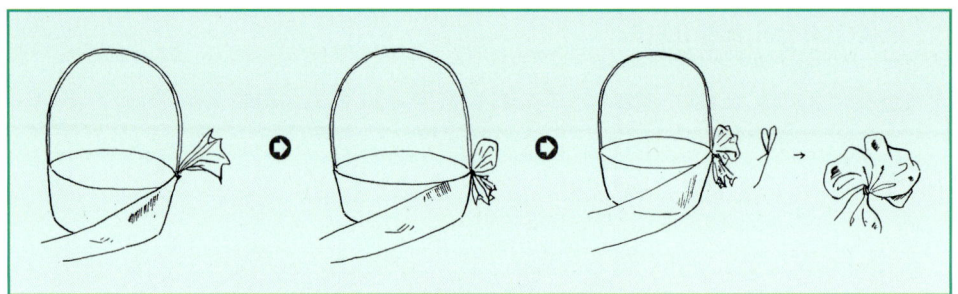

[그림 3-31] 접합 부위 포장 방법

접합 부위 포장 2

① 포장지 양끝을 안쪽으로 접은 다음 접합 부위에 묶는다.

② 볼 형태의 장식물을 만든다.

③ 볼 형태의 장식물을 리본과 함께 접합 부위에 붙인다.

④ 장식물을 접합 부위에 붙인 바구니

[그림 3-32] 볼 형태의 장식물을 접합 부위에 붙이는 방법

바구니의 형태에 따른 포장

바구니 포장은 내용물이나 바구니 형태 및 용도와 목적에 따라 달라져야 하는 것은 당연하다. 그 중에서도 바구니 형태는 포장과 가장 밀접한 관계가 있다. 포장은 바구니에 하는 만큼 바구니 형태가 어떻게 생겼느냐에 따라 포장이 달라지므로 바구니 형태에 맞는 포장 방법을 익혀 두면 포장을 쉽고 빠르게 익힐 수 있다. 바구니 형태에 따라 가장 자주 사용되고 잘 어울리는 포장 방법은 다음과 같다.

◯ 원통형 바구니

원통형 바구니는 바구니뿐만 아니라 가정에서 흔히 빨래감 수거용이나 화분 커버용으로도 많이 이용된다. 쓰임새가 많은 만큼 포장도 감는 포장, 감싸는 포장, 감싸고 붙이는 포장을 하기에 좋다.

◯ 모자 바구니

바구니 형태상 수평 디자인이 잘 어울린다. 그래서 포장도 내용물을 감싸는 포장이 잘 어울린다. 또 손잡이가 있으므로 감싼 다음 묶는 포장도 무난한 편이다.

◯ 원형 및 타원형 바구니

꽃집에서 일반적으로 이용되는 바구니다. 그런 만큼 어떤 형태의 포장도 무난하지만 그 중에서도 특히 감싸는 포장이나 감싼 다음 묶는 포장이 가장 쉽고 잘 어울린다.

◯ 손잡이 없는 직사각형 바구니

여름철 관엽식물을 모아 심거나 병렬형의 디자인에 어울리는 바구니다. 포장을 할 때는 손잡이가 없는 관계로 포장지로 바구니를 감싼 다음 포장지 끝부분을 바구니 속으로 넣거나 캔디 포장을 하듯 포장지 양쪽 끝을 당기듯이 하면서 묶고, 묶은 자리는 리본을 매면 멋진 포장이 된다[그림 3-33].

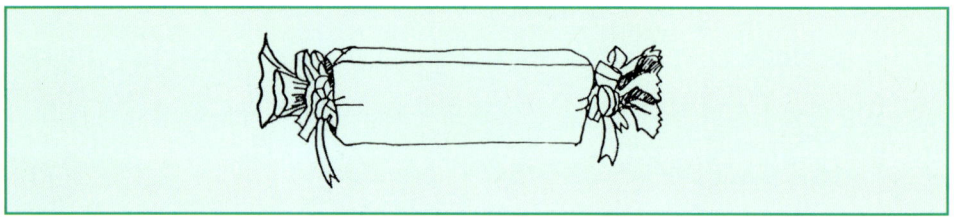

[그림 3-33] 캔디 포장을 하듯 포장지로 바구니를 감싼 다음 양쪽 끝을 묶은 직사각형의 바구니 포장

포장지의 특성을 활용한 포장

포장지는 다양한 컬러와 재질이 있다. 부직포의 화사함, 은은하고 친근감이 있는 마, 잘 늘어나고 강한 컬러의 주름지 종이 등, 각각의 특성이 있는 만큼 포장지의 특성과 활용법을 알아두면 포장하기가 쉬워진다.

● 부직포 포장

부직포는 다양한 색상이 있기 때문에 꽃과 리본의 색에 맞춰 포장할 수 있다. 그렇다고 많이 사용하면 답답한 느낌이 든다. 또 부직포는 가격이 다소 싸고 흔한 느낌이 들므로 고급스런 느낌을 내고자 하는 포장에서는 좋지 않다. 바구니를 완전히 가리게 됨으로써 예쁘지 않은 바구니를 커버할 수 있으며, 보자기처럼 바구니 전체를 감싸는 포장에 좋다. 꽃이 적을 때는 포장지를 많이 사용함으로써 화사하게 만들 수가 있다.

● 마 포장

마 포장지는 원래 천연 소재를 가공하여 만든 것이다. 천연 소재의 마는 쉽게 부패되기 때문에 환경보호 측면에서 이상적인 포장지라 할 수 있다. 그런데 천연 소재는 가격이 다른 포장재에 비해 상대적으로 비싸 최근에는 인공 마 포장지가 제작되어 판매되고 있는데 외형상으로는 천연 마와 유사하다. 천연 마나 인공 마 포장지 모두 자연스럽고, 포장을 했을 때 속이 비치는 것이 특징이므로 살짝 노출될수록 아름다운 바구니를 포장할 때 이용하면 좋다. 또 마 포장지는 그 어떤 포장지에서도 찾아볼 수 없는 가공성을 갖고 있다. 주름을 주거나 각 면을 모으면 볼처럼 곡선이 되어 장식적인 포장을 자유자재로 할 수 있다[그림 3-34]. 이 곡선을 살려 포장하거나 마로 된 장식물을 붙이면 바구니에 부드러운 이미지를 더해 준다.

[그림 3-34] 마를 이용해 포장을 한 바구니

○ 주름지 포장

주름지 하면 대부분 잘 늘어나며 강한 컬러 소재로 종이꽃, 포장지 등 다양하게 사용되는 재주가 많은 자재를 연상할 것이다. 그만큼 개성이 확실한 자재이다. 최근에는 방수 주름지도 시판되어 바구니 포장에 효과적으로 이용되고 있다.

재질면에서는 마나 망사에 비해 유연함과 투명함은 약하거나 없는 대신 직선적인 아름다움을 강조할 때는 매우 좋다. 포장지 끝을 늘려 가면서 곡선을 주면 다른 포장지로 흉내낼 수 없는 아름다움을 연출할 수도 있다. 꽃 등 다양한 액세서리도 만들 수 있는 특성을 활용하여 꽃이나 인형 등의 액세서리를 만들어 포장한 바구니에 붙이면 이질감도 생기지 않고 재미있는 모양의 연출도 가능하다.

색채면에서는 재질이 컬러풀하므로 사탕 바구니, 연인들 간의 선물용 등 깜직한 바구니에는 잘 어울린다. 그러나 색이 빨리 바래기 때문에 조화나 드라이 플라워를 꽂아 장기간 이용하는 바구니 포장에는 좋지 않다.

◎ 망사 포장

마처럼 바구니가 어느 정도 노출되어 자연스러우면서도 포장을 한 느낌을 준다. 포장재가 갖는 부드러운 느낌을 살린 사탕 바구니 등 아기자기한 바구니나 과일 바구니 포장에 좋다.

◎ 레이스 포장

포장재 자체가 섬세하고 부드러운 느낌이 있어 아기자기한 바구니를 포장하는 데 좋다. 초콜릿 바구니, 출산선물용 바구니, 과일 바구니 포장에 잘 어울린다.

◎ 2가지 종류 이상의 포장지를 활용한 포장

색상이 다르거나 불투명한 포장지로 포장한 다음 투명한 포장지로 포장해 색상이나 질감의 이중 효과를 얻는 데 좋은 포장법이다.

◎ 액세서리만 붙인 무 포장 바구니

꽃집에서 판매되고 있는 바구니를 보면 대개 부직포로 숨막히게 포장하는 것이 일반적이다. 그런데 바구니 자체의 모양이 예쁘거나 심플한 경우는 천편일률적인 포장에서 벗어나 바구니의 개성을 살리는 것이 좋다. 그렇다고 해서 포장을 전혀 하지 않으면 너무 무성의하다고 할 수 있는데, 이때는 액세서리를 붙이는 것만으로도 큰 효과를 얻을 수 있다.

4. 꽃바구니 포장

바구니에 생동감 있게 꽂아진 꽃을 포장하면 답답한 느낌이 들 수 있으나 포장을 해야 하는 경우가 있다. 연약한 꽃으로 꽃바구니를 장식한 다음 장거리를 가지고 갈 때나 과일 바구니 등 내용물을 보호하고 미적 아름다움을 더욱 살리고자 할 때는 포장하는 게 좋다.

상하 부분을 묶기 포장

원통형 꽃바구니를 감아 포장하듯 감은 후 상하 부분을 각각 묶어 포장하는 방법이다[그림 3-35].

[그림 3-35] 상하 부분을 묶은 포장

감싸 올리기 포장

바닥에 OPP를 깐 다음 그 위에 꽃바구니를 올려놓고 포장지를 감싸 올리는 포장법이다[그림 3-36]. 꽃바구니에 따라 OPP 양쪽 끝을 모아 묶거나 양 모서리를 리본으로 묶는 포장 방법도 있다.

[그림 3-36] 꽃바구니를 감싸 올린 포장

위에서 덮어씌우기 포장

OPP로 바구니를 덮은 다음 꽃바구니 몸체 쪽에서 묶거나 아래쪽의 모서리를 고정하는 포장 방법이다[그림 3-37].

[그림 3-37] OPP로 꽃바구니를 덮어씌운 포장

[그림 3-38] 다양한 꽃바구니 포장

4장 화분 포장

1. 화분 포장의 의의

　화분식물은 오랫동안 기르면서 관상한다는 측면에서 자칫 포장과 거리가 멀다고 생각하기 쉽다. 그런데 화분식물이 선물용으로 많이 이용되다 보니 포장 또한 많이 활용되고 있다. 특히 개업식에 값비싼 분식물을 선물하는 독특한 문화가 있는 우리나라에서 포장은 단순히 선물용으로 식물 자체의 아름다움을 돋보이는 데 그치지 않고, 개업 식장의 축하 분위기를 더 한층 돋보이게 한다.

　승진이나 영전 등의 축하 선물로 이용되는 분식물도 마찬가지이다. 같은 분식물이라도 포장에 따라 분위기가 달라지기 때문에 포장이 중요시되고 있다. 따라서 이를 공급하는 꽃집에서는 분식물의 포장도 꽃다발, 꽃바구니 이상으로 중요하다.

2. 화분 포장의 실제

화분의 폭, 높이, 그리고 화분에 심는 식물이 다양한 만큼이나 포장 방법도 여러 가지가 있어 어렵게 생각하기 쉽다. 그러나 바구니 포장법도 알고 보면 기본적으로 적용되는 몇 가지 기술이 있다.

근원부 감기(목 감기) 포장

뿌리 목 부근에는 줄기만 있다가 위에서 가지가 퍼진 나무들이 많다. 이런 나무들은 화분 바로 위가 허전해 보이는 경우가 많다. 이때는 근원부 주위에 포장지를 감기식으로 포장해 두면 볼륨이 있어 보인다. 난처럼 도자기 화분에 많이 심어 이용하는 것에서는 화분까지 포장을 하면 도자기 화분이 감춰지고, 그렇다고 안 하면 성의가 없어 보인다. 이때는 근원부에 포장지를 감아 장식하는 것만으로도 분위기를 낼 수 있다.

◯ 난의 근원부 감기 포장

① 난을 준비한다(심비디움에서 많이 이용하는 포장법이다)
② 포장지를 내려 접거나 올려 접은 다음 좌우에서 주름을 주어가며 조인다.

③ 주름을 주어 조인 포장지로 근원부를 감고 나서 고정한다.

④ 리본을 붙인 다음 모양을 손질해가며 완성한다.

[그림 4-1] 난의 근원부 감기 포장 방법

◯ 관엽식물의 근원부 감기 포장 1

① 포장지로 날개 모양을 만든다.

② 날개 모양으로 만들어 놓은 포장지를 근원부에 붙인다.

③ 주름을 주어 조인 포장지를 근원부에 감아 볼륨있게 포장해 완성한다.

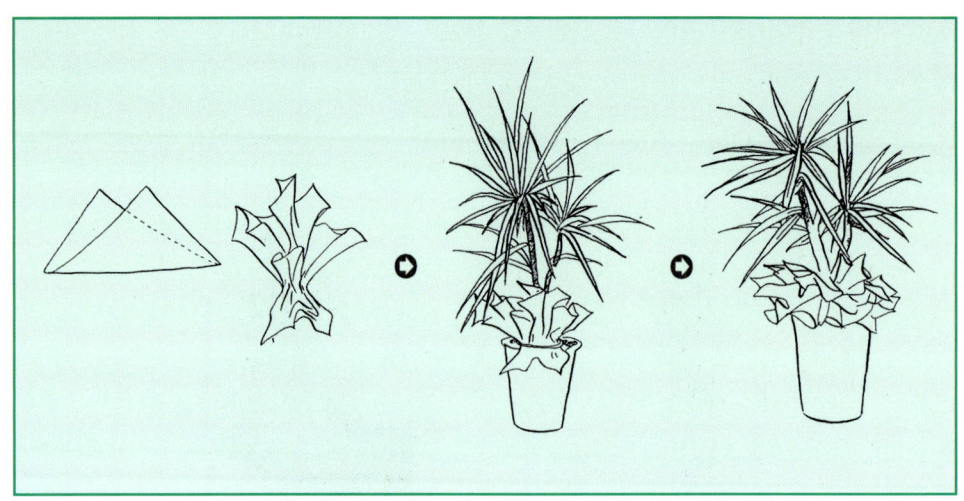

[그림 4-2] 날개를 이용한 관엽식물의 근원부 감기 포장 방법

● 관엽식물의 근원부 감기 포장 2

① 포장지를 주름을 주어가며 좌우 측에서 안쪽으로 모아 조인다.

② 주름을 주어가며 조여 놓은 포장지를 근원부에 붙인다.

③ 포장지가 골고루 감기도록 손질하면서 완성한다.

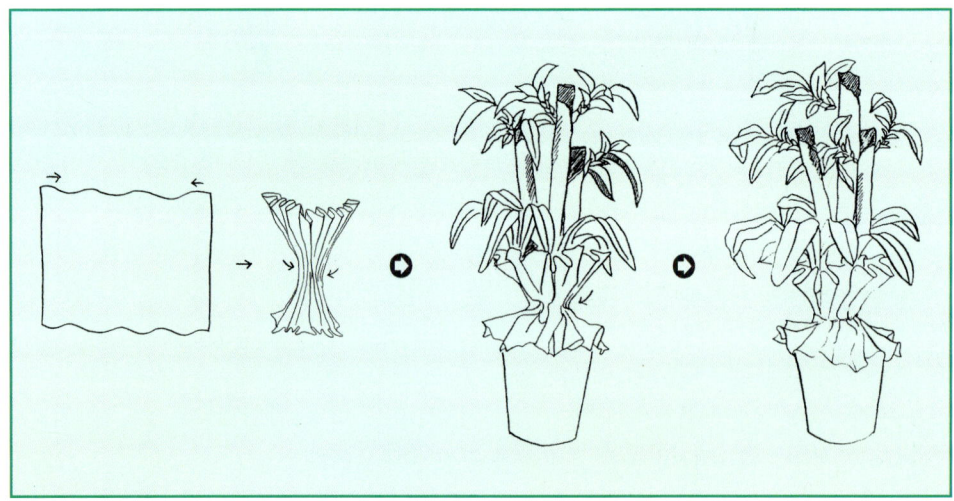

[그림 4-3] 관엽식물의 근원부 감기 포장 방법

간지 붙이기 포장

난 화분 포장에서 많이 활용되는 포장 방법이다. 난의 근원부 부분에 접은 포장지를 붙여 풍성하게 만든다. 간지 붙이기는 이 방법만 사용되기도 하지만 일반적으로 근원부 감기 방법과 같이 활용되는 경우가 많다. 간지를 붙인 다음에는 대부분 근원부 감기를 하는 것이 미관상 좋다.

● 간지 붙이기 포장 1

① 꽃대를 감쌀 포장지를 재단한다.
② 포장지로 꽃대를 감싼다.
③ 날개를 만들어 근원부에 묶거나 날개에 나무막대를 붙여 난 포기 사이에 꽂는다.
④ 주름을 주어 접은 포장지로 근원부를 감는다.

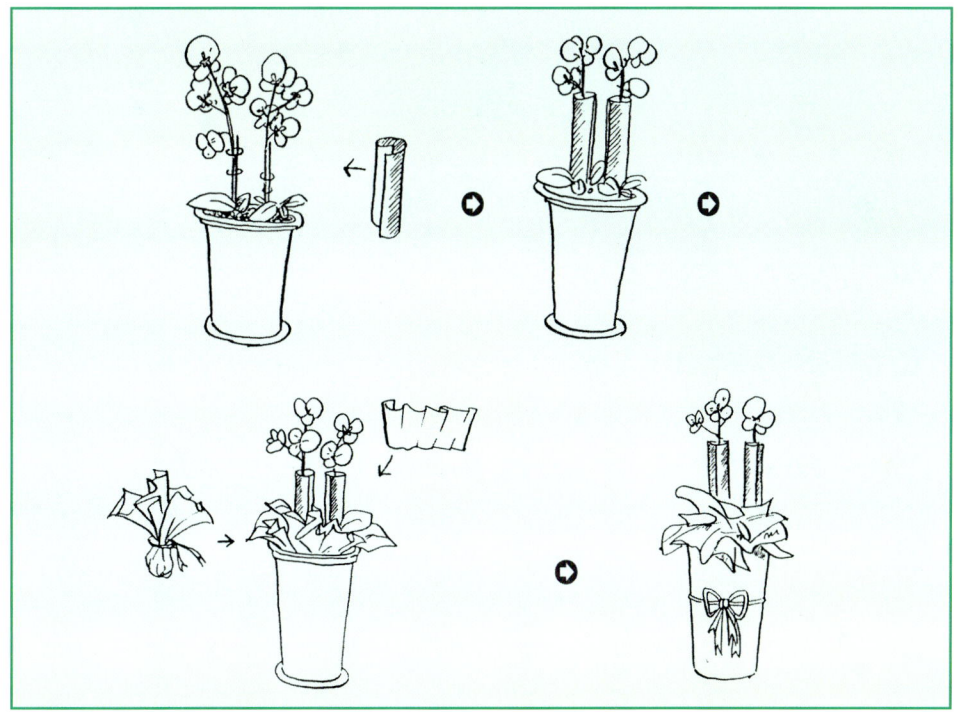

[그림 4-4] 날개 모양의 포장지를 활용한 간지 붙이기 포장 방법

● 간지 붙이기 포장 2

① 난의 포기 사이에 넣어 고정시킬 날개를 준비한다.

② 날개를 포기 사이에 넣어 고정하고 근원부를 감을 포장지를 준비한다.

③ 포장지로 근원부를 감은 다음 모양을 다듬는다.

[그림 4-5] 온시듐의 간지 붙이기 포장 방법

● 간지 붙이기 포장 3

① 난의 포기 사이에 고정시킬 포장지를 준비한다.

② 난의 포기 사이의 빈 공간을 포장지로 장식한다.

③ 난의 포기 사이에 간지를 붙인 다음 다른 포장지로 근원부를 감는다.

[그림 4-6] 받침 모양의 포장지를 활용한 간지 붙이기 포장 방법

감기 포장

난 화분이나 대품 화분에 많이 적용되는 포장법이다. 포장지를 화분 옆에서 한 바퀴 감는 포장법으로 포장지의 수, 마무리 방법에 따라 포장법을 구분할 수 있다.

○ 동양란의 감기 포장

① 포장지를 화분 높이보다 약간 크게 자른다. 재단된 포장지를 한 면에서부터 감은 다음 한 바퀴 돌려 감은 후 화분 허리 부분에 리본을 묶어 완성한다.
② 포장지 1장을 감아 포장했을 때의 단순함을 커버하기 위한 것으로 색깔이나 재질, 크기가 다른 포장지 2장을 감아 포장에 변화를 준 것이다.
③ 1장의 포장지로 감은 다음 앞부분에 색이 다른 포장지를 붙여 변화를 준 것이다.
④ 2장의 주름종이를 감아 포장한 다음 상하 부분에 변화를 준 것이다.
⑤ 높이가 다른 3장의 주름종이를 감아 포장한 것이다.

[그림 4-7] 동양란에서 감기 포장 방법의 여러 유형

● 관엽 소품의 감기 포장

① 포장지를 반으로 접는다.

② 포장지에 주름을 주어 가며 화분을 감는다.

③ 리본을 묶어 완성한다.

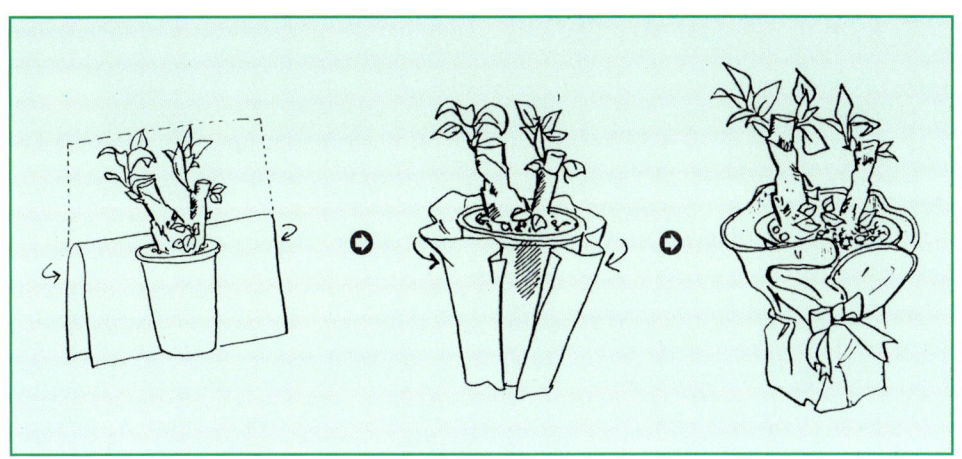

[그림 4-8] 내려 접은 포장지를 활용한 감기 포장 방법

● 관엽소품의 2장 감기 포장

① 포장지를 화분 지름의 2/3 길이로 재단한다(포장지 양끝을 말아 이용할 때는 화분 지름길이보다 커도 좋다).

② 포장지를 감는다. 포장지가 길 때는 양끝을 말아 전면이 노출되도록 한다.

③ 앞쪽에서 포장지를 붙여 감는다.

④ 앞쪽에서 붙여 감은 포장지 윗부분은 식물이 잘 보이도록 앞쪽으로 접는다.

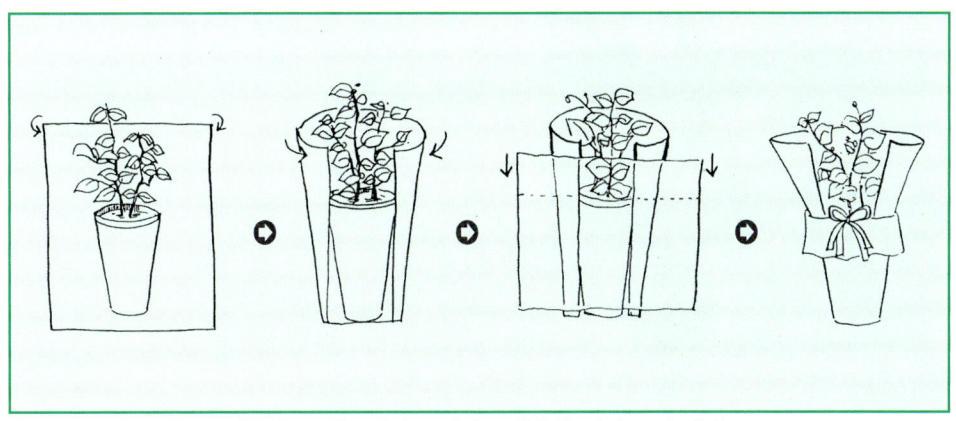

[그림 4-9] 2장의 포장지를 활용한 감기 포장 방법

● 동양란의 감은 다음 묶기 포장

① 포장지로 화분을 감아 포장한다.

② 포장지를 말아 막대 모양으로 만든다.

③ 막대 모양으로 만든 포장지를 화분의 허리나 근원부 등에 장식한다.

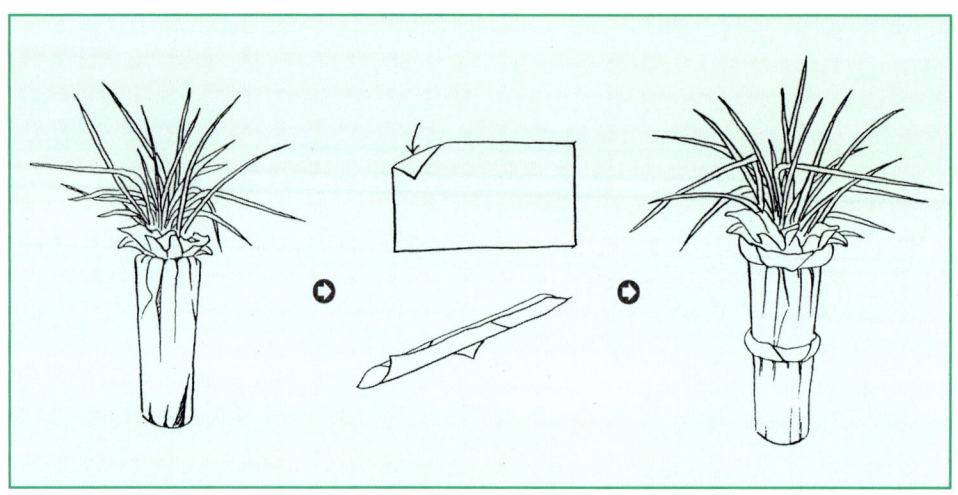

[그림 4-10] 동양란의 감은 다음 묶기 포장 방법

[그림 4-11] 감기 포장에 의해 화분 허리와 턱을 강조한 동양란 화분

● 감기 포장을 한 화분 식물

① 화분 가리개로 상품화된 폴리에스테르 부직포를 이용해 감기 포장한 화분

② 주름종이를 이용해 감기 포장한 화분

③ 부직포를 이용해 감기 포장한 화분

[그림 4-12] 감기 방법으로 포장한 화분

감기+근원부 감기 포장

난 화분처럼 허리가 길거나 관엽 중·대품처럼 화분이 큰 것에서 일반적으로 적용되는 포장법이다. 화분 몸체 부분을 옆에서 한 바퀴 감아 포장한 다음 근원부를 감아 포장한다.

● 근원부를 감은 다음 감기 포장

① 주름을 주어 접은 포장지로 근원부를 감는다.
② 포장지로 화분을 감은 다음 접착제로 붙이거나 리본을 묶어 고정한다.
③ 포장지 윗부분의 끝을 말아 내린다.
④ 리본을 묶어 완성한다.

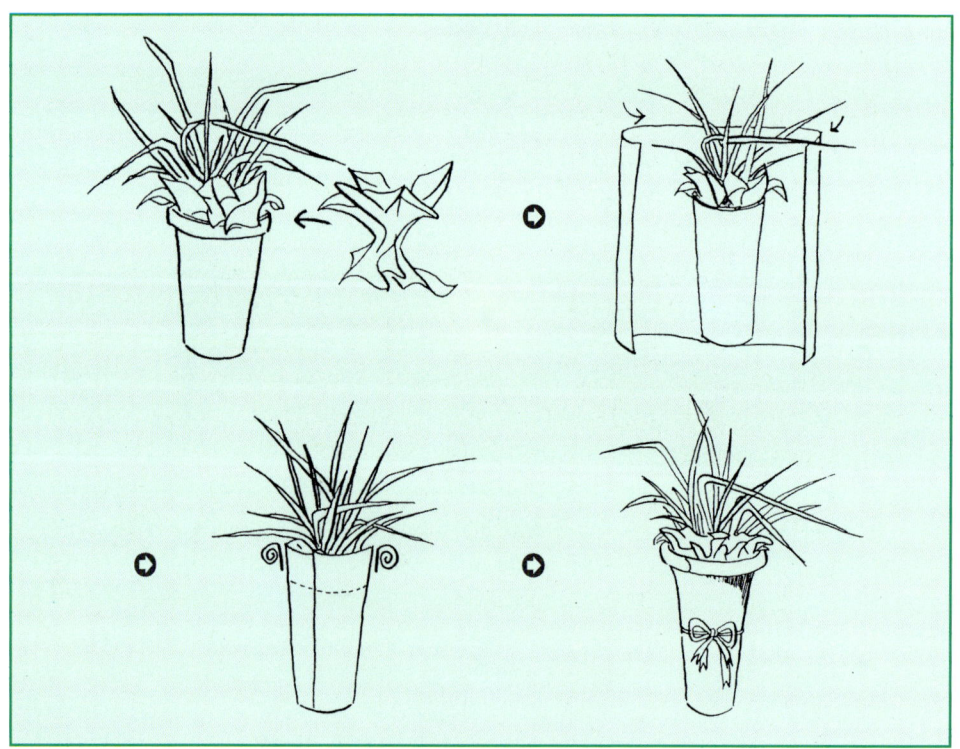

[그림 4-13] 근원부를 감은 다음 감기 포장 방법

● 감은 다음 근원부 감기 포장

① 포장지로 화분을 감는다.

② 한 바퀴 감은 뒤 고정한다.

③ 화분 아랫부분의 포장지에 주름을 주어가며 화분과 밀착되도록 한다.

④ 화분의 아래쪽과 위 테두리 아래에 끈이나 스카치테이프로 돌아가며 고정한다.

⑤ 화분 테두리 위쪽으로 올라온 포장지를 스카치테이프로 주름을 주어가며 붙여 나
간다.

⑥ 화분 테두리 위쪽으로 올라온 포장지를 그림과 같이 여백을 두고 붙여서 물을 줄
수 있도록 한다.

⑦ 주름을 주어가며 조인 포장지로 근원부를 감아 완성한다.

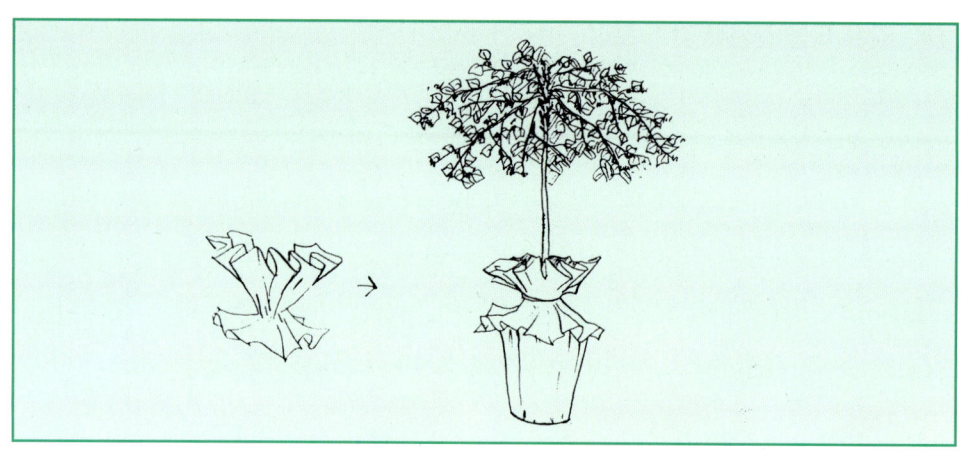

[그림 4-14] 화분을 감은 다음 근원부 감기 포장 방법

[그림 4-15] 감기 포장을 한 화분. 감기 포장을 할 때 화분의 아래쪽의 지름이 작을 경우 포장지가 화분과 밀착이 되지 않으므로 군데군데 주름을 주어 고정해 가면서 화분과 밀착이 되도록 한다. 포장지의 고정은 비닐류의 경우 스카치테이프로 하고 그 외 포장지는 글루건이나 리본, 타카 등을 이용해 포장지가 겹치는 끝 부분을 접착시키거나 묶어 고정한다.

[그림 4-16] 감기+근원부 감기 포장을 한 화분

● 타카를 이용한 감기 + 근원부 감기 포장

타카를 이용한 포장은 화분에 상처를 입히므로 하지 않는 게 좋지만 고무나 플라스틱 재질의 화분 포장을 빠른 시간 내에 다량으로 해야 할 경우는 효율적인 방법이 될 수 있다. 또 부직포나 마 재질의 포장지는 감기 포장을 할 경우 스카치테이프로 고정이 어려우므로 리본을 묶어 고정하는데, 적당한 리본이 없거나 포장지를 화분에 달라붙게 포장하고자 할 경우는 타카로 고정하는 게 효과적이다.

① 타카를 이용해 부직포 포장지와 마를 겹치게 한 포장지 끝부분을 고정시킨다.
② 포장지로 화분을 감은 다음 포장지와 화분이 밀착되도록 타카로 고정시킨다.
③ 주름을 주어 조인 포장지로 근원부를 감는다.
④ 포장지를 손질하면서 완성시킨다.

[그림 4-17] 타카를 이용한 감기+근원부 감기 포장 방법

감싸 올리기 포장

소품이나 중품 화분을 포장할 때 일반적으로 이용하는 방법이다. 화분을 감싸고 남을 만큼의 크기로 자른 포장지(사각형이나 원형) 위에 올려놓고 포장지로 화분을 감싸듯이 위로 올리는 포장법으로 포장지를 감싼 후 철사, 고무밴드, 리본 등을 이용해 고정한다. 2장의 포장지를 이용할 때는 감는 포장과 마찬가지로 1장 포장보다 다양한 변화를 줄 수 있다.

● 소품 화분 감싸 올리기 포장 1

① 화분을 포장지 위에 그림과 같이 놓는다.
② 포장지의 아래쪽 모서리를 화살표 방향으로 접는다.
③ 접는 선을 따라 포장지의 나머지 부분을 안으로 접어 넣는다.
④ 화분 중간 허리에 리본을 묶는다.

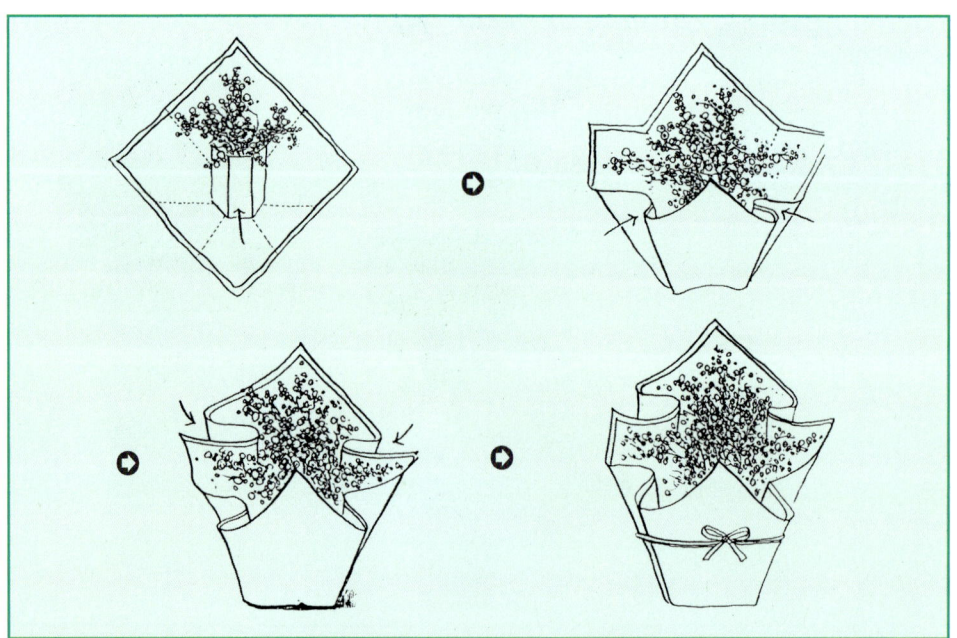

[그림 4-18] 감싸 올리기 포장 방법

● 소품 화분 감싸 올리기 포장 2

① 사각형으로 자른 포장지 중심에 화분을 놓는다.

② 앞쪽의 포장지를 들어올려 좌우의 순으로 주름을 잡아서 호치키스로 고정한다. 뒤쪽도 같은 방법으로 주름을 잡아 호치키스로 고정시킨다. 화분 밑이 움직이지 않도록 주의한다.

③ 좌, 우측도 같은 방법으로 주름을 잡는다. 이때 화분의 입구 부분이 너무 좁아지지 않도록 주의한다.

④ 화분의 허리 부분에 리본을 묶는다.

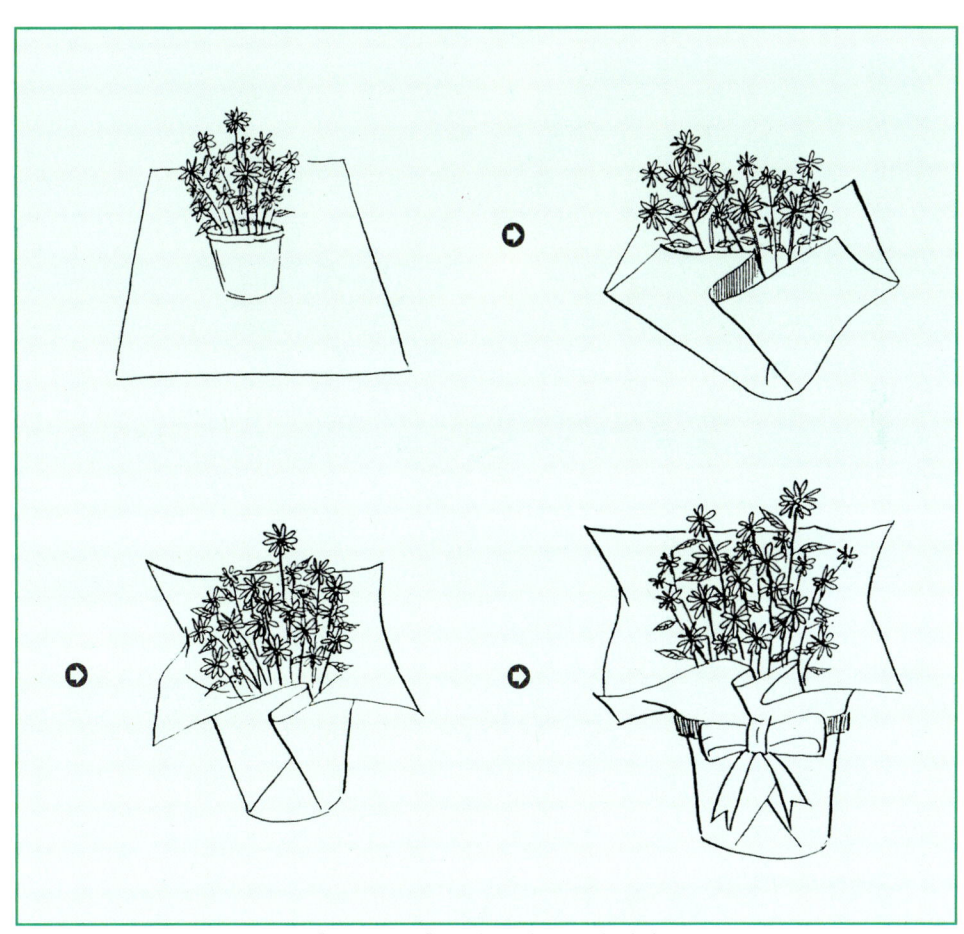

[그림 4-19] 감싸 올리기 포장 방법

● 소품 화분 감싸 올리기 포장 3

① 포장지 위에 화분을 올려놓는다.

② 포장지의 아래쪽 모서리를 안쪽으로 접고 나서 좌측 모서리를 접어 화분을 감싼다.

③ 포장지의 우측 모서리를 접어 화분을 감싼 다음 모서리 끝부분을 다시 뒤집는다.

④ 리본을 묶어 완성한다.

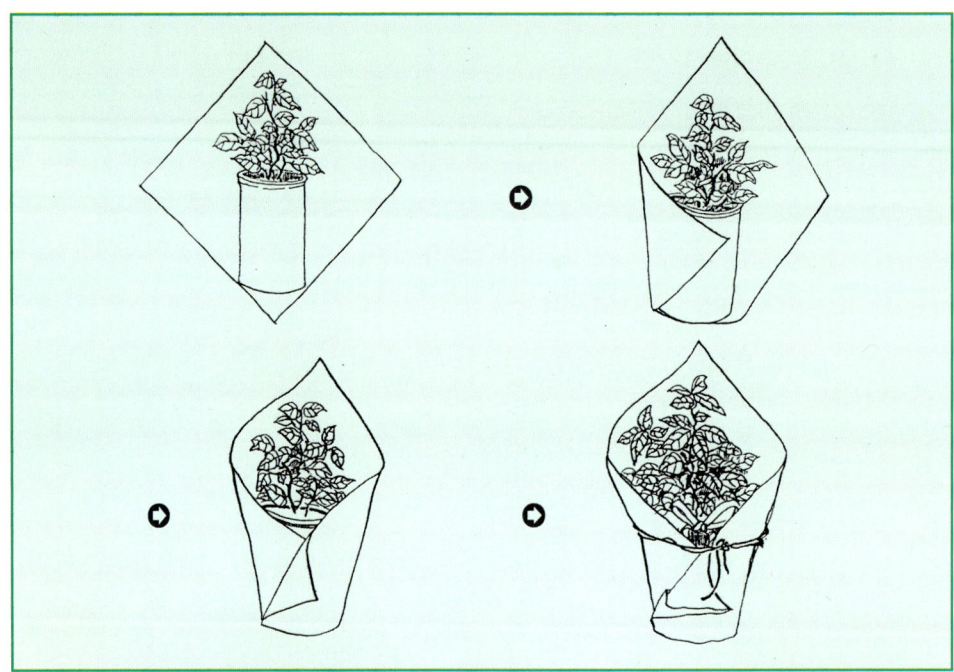

[그림 4-20] 감싸 올리기 포장 방법

● 소품 화분 감싸 올리기 포장 4

① 화분을 포장지 위에 올려놓는다.

② 포장지를 들어 올려 좌우, 전후 순으로 주름을 주어 접은 다음 화분과 근원부 사이에 집어 넣는다.

③ 근원부 사이에 감싸 모은 포장지를 철사나 리본으로 묶어 완성한다.

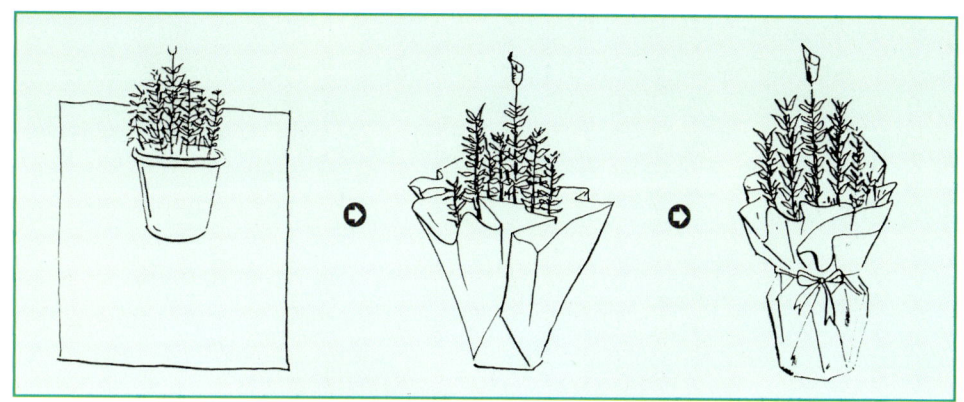

[그림 4-21] 감싸 올리기 포장 방법

[그림 4-22] 감싸 올리기 포장을 한 화분

○ 2장의 포장지로 감싸 올리기 포장

① 2장의 포장지를 그림과 같이 놓고 화분을 올려놓는다.

② 포장지로 감싸 올린 후 근원부에서 리본을 묶는다. 핑킹가위로 포장지 끝을 가지
런히 잘라내고 주름이 골고루 펴지도록 손질하면서 완성한다.

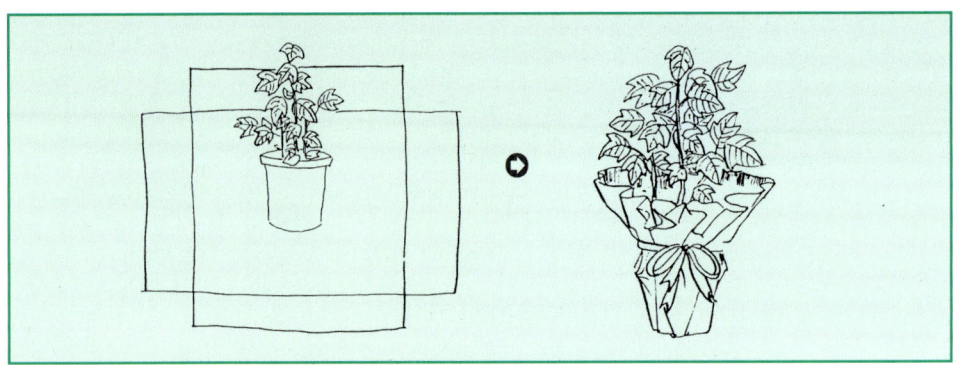

[그림 4-23] 2장의 포장지로 감싸 올리기 포장 방법

● 동양란 화분의 감싸 올리기 포장

① 포장지 위에 화분을 올려놓는다.

② 포장지로 화분을 감싸듯이 양끝을 잡아 올린 다음 좌, 우측 부분에 호치키스로 군데군데 고정한다.

③ 좌, 우측을 호치키스로 고정한 후 포장지가 화분에 밀착되도록 접은 다음 접착제나 리본을 묶어 고정한다. 윗부분은 포장지로 근원부를 감싸듯이 모은 다음 끈으로 묶는다. 이때 포장지에 여유가 있으면 끝을 안쪽이나 바깥쪽으로 접은 후 다시 근원부를 감싸듯이 모은 다음 끈으로 묶는다.

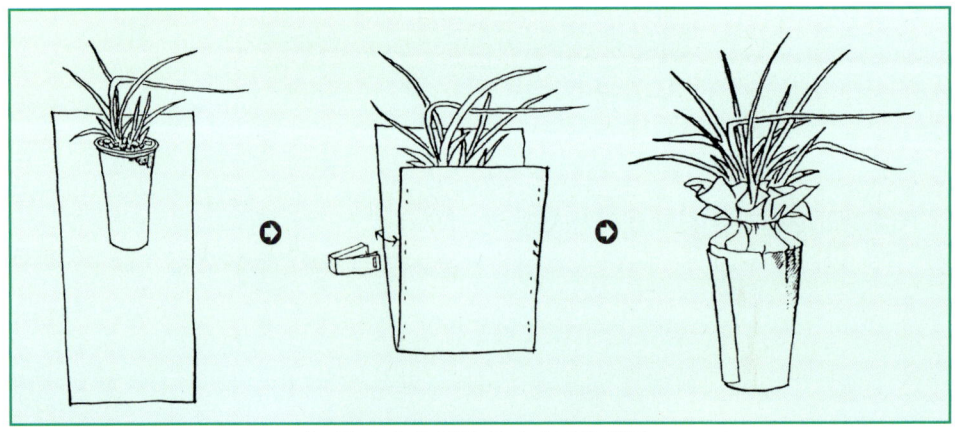

[그림 4-24] 감싸 올리기 포장 방법

● 주름을 주며 감싸 올리기 포장

① 포장지 위에 화분을 올려놓는다.

② 포장지를 세로로 주름을 주면서 감싸 올린다.

③ 주름이 풀리지 않도록 리본으로 허리 부분을 묶는다. 포장지 위쪽 부분은 근원부를 감싸듯이 조인 다음 리본이나 끈으로 묶는다.

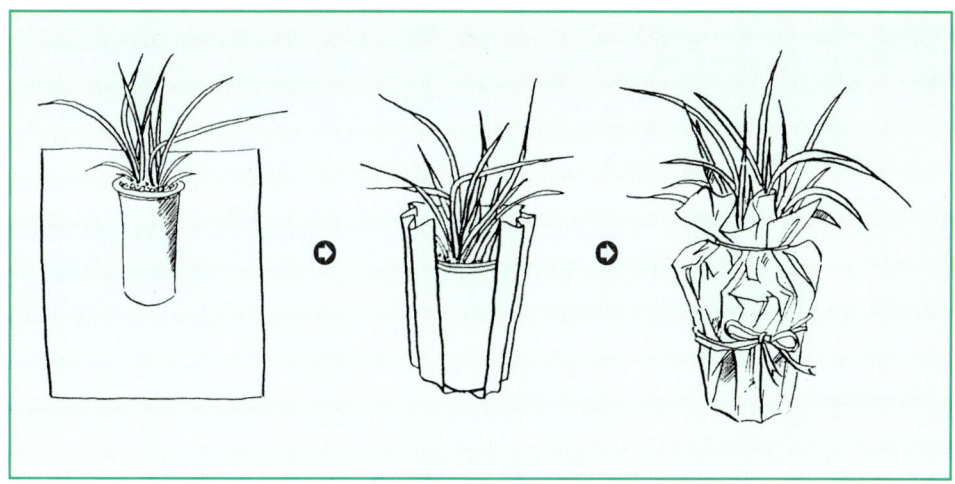

[그림 4-25] 주름을 주며 감싸 올린 포장 방법

[그림 4-26] 주름을 주어가며 감싸 올리기 포장을 한 동양란 화분

[그림 4-27] 주름을 주어가며 감싸 올리기 포장을 한 서양란 화분

● 동양란 화분의 감싸 올리기 포장

① 포장지 위에 화분을 올려놓는다.

② 앞쪽의 포장지를 들어 올려 우측을 그림과 같이 주름을 잡는다.

③ 좌측의 포장지를 그림과 같이 주름을 준 다음 호치키스로 고정한다. 뒤쪽도 앞쪽
　과 같이 주름을 주어 호치키스로 고정한다.

④ 근원부 부위에서 포장지를 감싸 모은 후 철사로 묶는다.

⑤ 리본을 묶어 완성한다.

⑥ 포장지 끝을 안쪽 또는 바깥쪽으로 접은 다음 근원부에 감싸듯이 모은 후 철사로
　묶는다.

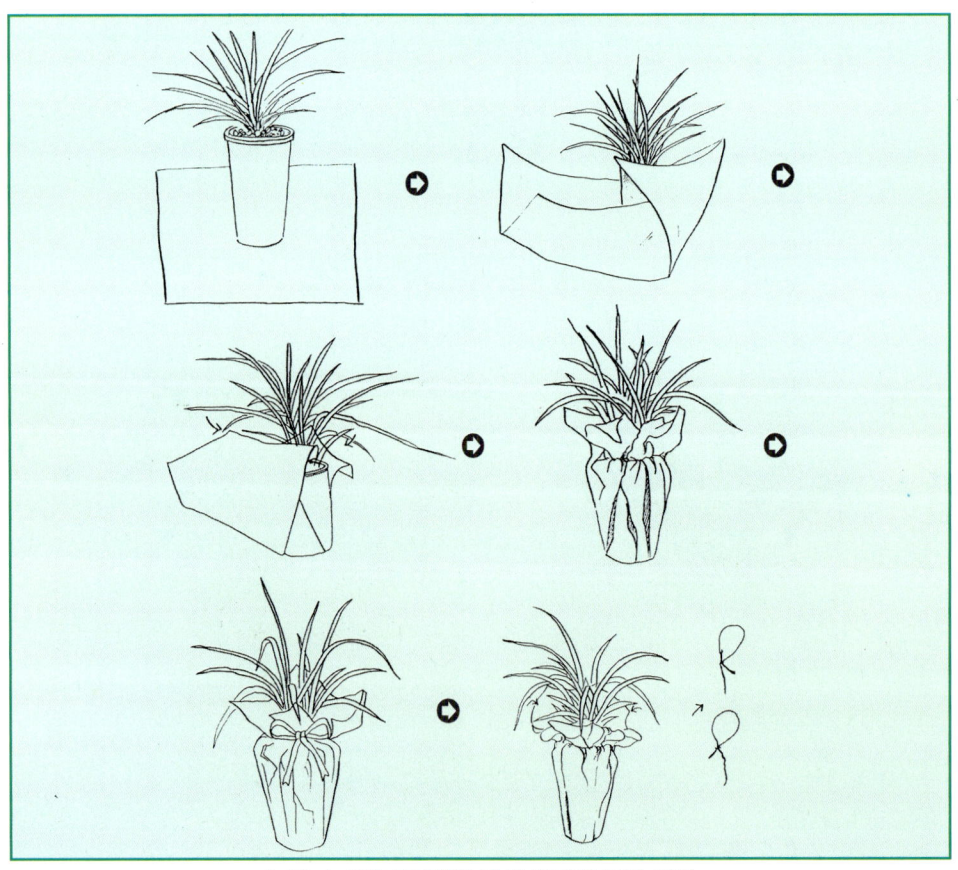

[그림 4-28] 동양란의 감싸 올리기 포장 방법

[그림 4-29] 감싸 올리기 포장을 한 동양란 화분

○ 감싸 올린 다음 근원부 감기 포장

　난 화분처럼 허리가 긴 화분 포장에서 많이 적용되는 방법으로 화분을 감싸 올린 다음 근원부에 부풀림을 주기 위해 포장지로 근원부를 감는다.

[그림 4-30] 감싸 올린 다음 근원부 감기를 한 동양란 화분

● 감싸 올린 다음 감기 포장

① 화분을 속 포장지로 사용할 포장지의 중심에 놓는다.
② 속 포장지로 화분을 감싼 다음 네 곳에서 고정한다.
③ 화분 높이보다 높은 포장지로 감는다.
④ 포장지가 화분에 밀착되도록 감은 후 포장지의 왼쪽 끝을 바깥쪽으로 말거나 접는다.
⑤ 포장지의 우측 끝을 바깥쪽으로 말거나 접은 다음 호치키스로 고정한다. 이때 속 포장지가 보이도록 한다.
⑥ 화분 허리에 리본을 묶어 완성한다.

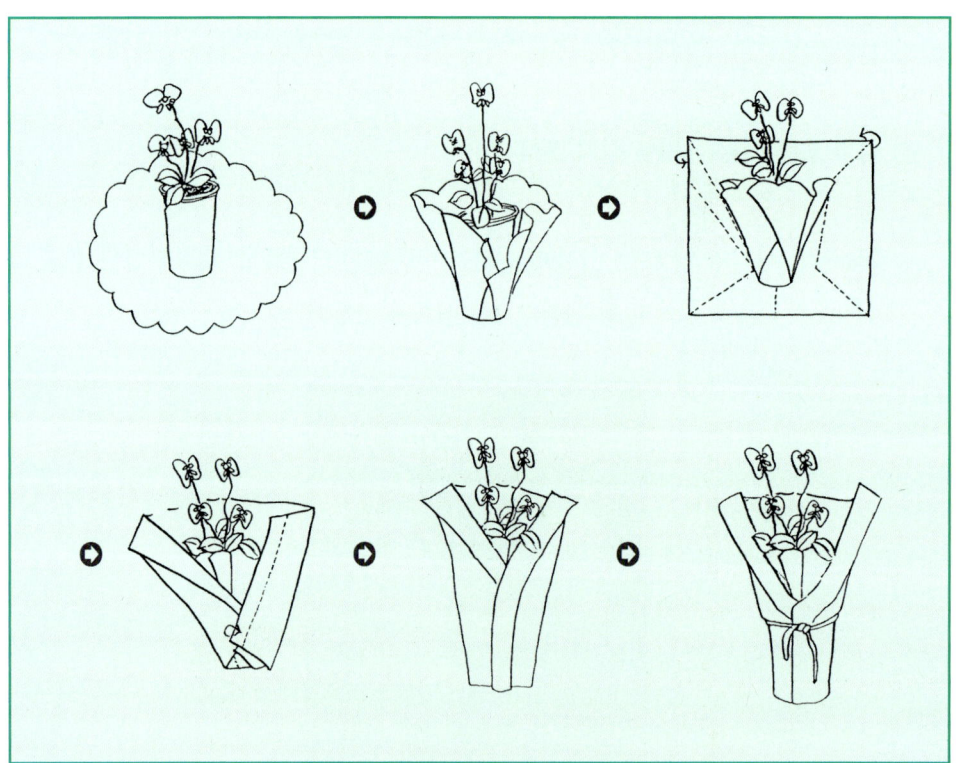

[그림 4-31] 감싸 올린 다음 감기 포장 방법

● 주름을 모으며 감싸 올리기 포장

① 포장지 위에 화분을 올려놓는다.

② 앞쪽 가운데로 주름을 모은다. 포장지나 화분 크기에 따라서는 앞쪽만 하거나 뒤쪽도 같은 방법으로 한다.

③ 화분이 감싸지도록 주름을 모은 다음 근원부에 고정시킨다.

④ 모양을 정리하면서 화분 정면에 리본을 붙여 완성한다.

[그림 4-32] 주름을 모으며 감싸 올리기 포장 방법

식물 전체를 감싸기 포장

소품 화분에서 간혹 이용되는 방법이다. 화분에서 식물까지 전체를 투명한 포장지로 감싸는 포장법이다[그림 4-33].

[그림 4-33] OPP로 화분과 식물 전체를 감싼 포장

응용 포장

포장의 기본적인 테크닉을 응용하는 방법으로 포장하는 사람의 독자적인 창작력에 의해 다양한 포장을 연출할 수 있다.

[그림 4-34] 다양한 화분 포장

후기

　책으로 엮어진 이 원고는 1992년에 쓰여져 《실전 꽃 포장 쉽게 배우기》라는 제목으로 출판된 것입니다. 원고를 작성한 지는 햇수로 10년이 훨씬 지났습니다. 너무 오래되었고, 새로운 꽃과 포장지가 등장함에 따라 새로운 꽃 포장 책을 준비하고 있습니다. 따라서 이 책에 사용된 원고는 없어질 것으로 생각했습니다.

　그런데 출판사 입장은 저자와 달랐습니다. 시대는 변했지만 포장 원리는 새로운 꽃과 새로운 포장지로 적용해도 무리가 없고, 그동안 꾸준하게 독자들의 사랑을 받아왔기 때문에 명맥을 유지하고 싶다고 했습니다. 또 오래된 것이기는 하지만 이 책을 통해서 과거의 꽃 포장 흐름을 알고, 이것을 바탕으로 새로운 꽃 포장을 개발하는 데도 도움이 될 것이라는 의견을 내주었습니다. 그러면서 새로운 꽃 포장 책도 출판을 하자고 제안을 해왔습니다.

　생각해 보니 출판사의 제안도 일리가 있다고 판단을 했습니다. 그래서 오래되어 꽃다발 형태, 사용되는 꽃 종류, 포장지와 꽃의 유행색의 변화, 사진의 촬영, 연출 등 여러 가지 부분에서 시대에 맞지 않는 부분이 많기는 하지만 꽃 포장의 역사를 알 수 있고, 꽃 포장의 원리를 이해하고 새로운 꽃 포장을 개발하려는 분들에게 도움이 될까 싶어 고심 끝에 재출판에 동의하게 되었습니다.

　이 책의 원고 작성시 한용희 씨, 이순봉 씨는 꽃 포장의 연출 과정에서 참여하거

나 도움을 주었으며, 박철수 씨, 최희탁 씨는 저자가 꽃 포장하는 과정들을 그림으로 그려주었습니다. 이분들에게 감사드립니다.

   이 원고가 독자분들과 만날 수 있도록 출판을 해주신 중앙생활사 김용주 사장님과 관계자분들, 그리고 독자분들에게도 감사를 드립니다.

중앙생활사 Joongang Life Publishing Co.

중앙경제평론사 | 중앙에듀북스 Joongang Economy Publishing Co./Joongang Edubooks Publishing Co.

중앙생활사는 건강한 생활, 행복한 삶을 일군다는 신념 아래 설립된 건강·실용서 전문 출판사로서 치열한 생존경쟁에 심신이 지친 현대인에게 건강과 생활의 지혜를 주는 책을 발간하고 있습니다.

그림으로 쉽게 배우는 꽃 포장 디자인 입문

초판 1쇄 인쇄 | 2016년 8월 25일
초판 1쇄 발행 | 2016년 8월 30일

지은이 | 허북구(Bukgu Heo)
펴낸이 | 최점옥(Jeomog Choi)
펴낸곳 | 중앙생활사(Joongang Life Publishing Co.)

대　표 | 김용주
편　집 | 한옥수·길주희·유라미
디자인 | 박근영
마케팅 | 최기원
인터넷 | 김회승

출력 | 케이피알　종이 | 타라유통　인쇄·제본 | 현문자현

잘못된 책은 구입한 서점에서 교환해드립니다.
가격은 표지 뒷면에 있습니다.

ISBN 978-89-6141-187-5(03630)

등록 | 1999년 1월 16일 제2-2730호
주소 | ⑰ 04590 서울시 중구 다산로20길 5(신당4동 340-128) 중앙빌딩
전화 | (02)2253-4463(代)　팩스 | (02)2253-7988
홈페이지 | www.japub.co.kr　블로그 | http://blog.naver.com/japub
페이스북 | https://www.facebook.com/japub.co.kr　이메일 | japub@naver.com
♣ 중앙생활사는 중앙경제평론사·중앙에듀북스와 자매회사입니다.

전화주문 : 02) 2253 - 4463

※ 이 도서의 국립중앙도서관 출판시도서목록(CIP)은 서지정보유통지원시스템 홈페이지(http://seoji.nl.go.kr)와 국가자료공동목록시스템(http://www.nl.go.kr/kolisnet)에서 이용하실 수 있습니다.(CIP제어번호: CIP2016019068)

중앙생활사에서는 여러분의 소중한 원고를 기다리고 있습니다. 원고 투고는 이메일을 이용해주세요. 최선을 다해 독자들에게 사랑받는 양서로 만들어 드리겠습니다. **이메일** | japub@naver.com